VAN BLOEMBLAADJE TOT BORD: BLOEM STROOM SALADES

Kom tot bloei met een verzameling van 100 voedzame en heerlijke saladecreaties

Saga Lundin

Auteursrechtelijk materiaal ©2024

Alle rechten voorbehouden

Geen enkel deel van dit boek mag in welke vorm of op welke manier dan ook worden gebruikt of overgedragen zonder de juiste schriftelijke toestemming van de uitgever en eigenaar van het auteursrecht, met uitzondering van korte citaten die in een recensie worden gebruikt. Dit boek mag niet worden beschouwd als vervanging voor medisch, juridisch of ander professioneel advies.

INHOUDSOPGAVE

INHOUDSOPGAVE **3**
INVOERING **6**
LAVENDEL SALADES **7**
   1. Lavendel-perzik- en Burrata-salade 8
   2. Farfalle met Groenten en Lavendel 10
   3. Lavendel-honing-kipsalade 12
   4. Lavendel Citroen Quinoa Salade 14
   5. Lavendel-perziksalade met geitenkaas 16
   6. Lavendel-bosbessen-spinaziesalade 18
   7. Lavendelbessensalade met maanzaaddressing 20
   8. Lavendel Gegrilde Groentensalade 22
   9. Lavendel-citrussalade met garnalen 24
   10. Salade van lavendelpeer en walnoot 26
   11. Lavendel Tomaat Mozzarella Salade 28
   12. Lavendel Geroosterde Groentensalade 30
   13. Lavendelkip en bessensalade 32
   14. Lavendel-sinaasappel-kipsalade 34
   15. Salade van lavendelgeitenkaas en bieten 36
   16. Quinoasalade met Feta en Veenbessen 38
   17. Lavendel Geroosterde Aardappelsalade 40
ROZEN SALADES **42**
   18. Zomersalade met bessen en rozen 43
   19. Winterrozenblaadjessalade met sinaasappelvinaigrette 45
   20. Salade van bosbessen en rozenblaadjes 48
   21. Salade van tuinerwten en rozenblaadjes 50
   22. Mooie bloemensalade met rozenvinaigrette 52
   23. Salade van geroosterde zalm met rosévinaigrette 54
   24. Salade van watermeloen en rozenblaadjes 56
   25. Salade van komkommer en rozenblaadjes 58
   26. Quinoa- en rozenblaadjessalade 60
   27. Salade van geroosterde bieten en rozen 62
   28. Gegrilde perzik- en rozensalade 64
   29. Mediterrane rozensalade 66
   30. Salade van geroosterde bieten en rozen 68
   31. Vijgen- en rozensalade 70
   32. Citrus- en rozensalade 72
   33. Peren- en rozensalade 74
HIBISCUS SALADES **76**

34. Hibiscus-quinoasalade 77
35. Salade van hibiscus en geitenkaas 79
36. Hibiscus-citrussalade 81
37. Hibiscus-Avocadosalade 83
38. Hibiscus-bietensalade 85

NASTURTIUM SALADES 87
39. Oost-Indische kers en druivensalade 88
40. Aardappel- en Oost-Indische kerssalade 90
41. Oost-Indische Garnalen Voorgerecht Salade 92
42. Salade van Oost-Indische kers en Aardbeien 94
43. Salade van Oost-Indische kers en Avocado 96
44. Salade van Oost-Indische kers en Bieten 98
45. Oost-Indische kers en Kipsalade 100

PAARDEBLOEM SALADES 102
46. Salade van paardenbloem en chorizo 103
47. Paardebloemsalade met dressing van açaí- bessen 105
48. Salade van paardenbloem en chorizo 107
49. Molsla 109
50. Salade van geroosterde pattypan-pompoenen 111
51. Saladepot met tomaat, pompoen en paardenbloem 114
52. Kikkererwten, tomaat en paprikasalade in een pot 116
53. bietengranen, wortelen, bieten en kerstomaatjes 118
54. Tomaat, kip, komkommers, paardenbloemsalade in een pot 120
55. Couscous-, kip- en paardenbloemsalade 122
56. Pastasalade met paardenbloem 124
57. Verwelkte paardenbloemgroenten met spek 126

SLEUTELBLOEMSALADES 128
58. Zomerse salade met tofu en sleutelbloem 129
59. Sleutelbloem- en citrussalade 131
60. Sleutelbloem-aardbeiensalade 133
61. Sleutelbloem-quinoasalade 135
62. Sleutelbloem- en kipsalade 137

BORAGE SALADES 139
63. Bernagie En Komkommers In Zure Room 140
64. Borage en Aardbeiensalade 142
65. Borage-avocadosalade 144
66. Borage- en citrussalade 146
67. Salade van couscous en bernagiekruiden 148
68. Pasta Met Ricotta, Borage En Sperziebonen 151

CHRYSANTEN SALADES 154
69. Rode kool met chrysant s 155
70. Salade van chrysanten en mandarijnen 157
71. Salade van chrysanten en quinoa 159

72. Chrysanthemum en kipsalade 161
ALTVIOLEN EN VIOOLTJESSALADES 163
73. Salade van aspergeviooltjes 164
74. Viooltje Rucola Salade 166
75. Altviool en gemengde groentesalade 168
76. Altviool- en citrussalade 170
77. Salade met altviool en geitenkaas 172
78. Groene Salade Met Eetbare Bloemen 174
SALADES 176
79. Pompoen-, Microgroenten- en quinoasalade 177
80. Lente Microgroentensalade 179
81. Regenboogsalade 181
82. Bitterzoete Salade 183
83. Salade van wilde rijst en microgroen 185
84. Salade van Microgroenten en peultjes 187
85. Zonnebloemspruitensalade 189
86. Cashewroombonenkom 191
87. Mango-, Broccoli- en Aardbeiensalade 193
88. Salade van radijs en spruiten 195
89. Gemengde Microgroenten-salade 197
90. Watermeloen Met Microgroenten Salade 199
91. Microgroene lentesalade 201
92. Salade van Microgroenten en radijs 203
93. Salade met bessen en rucola 205
94. Aardbeien Microgroenten Salade 207
95. Microgroene Quinoasalade 209
96. Salade van regenboogbieten en pistache 211
97. Groenten en Farro 213
98. Quinoa - rucolasalade 215
99. Gemengde groene salade met bieten 217
100. Spruitjessalade 219
CONCLUSIE 222

INVOERING

Welkom bij, waar we u uitnodigen voor een reis om gezond te worden met een verzameling van 100 voedzame en heerlijke sa'Van bloemblaadje tot bord: Bloem Stroom Salads'ladecreaties die de schoonheid en smaak van eetbare bloemen vieren. Bloemen, met hun levendige kleuren en delicate smaken, worden al lang gekoesterd als zowel culinaire hoogstandjes als symbolen van vitaliteit. In dit kookboek benutten we de kracht van bloemen om levendige, voedzame salades te creëren die het lichaam voeden en de zintuigen prikkelen.

In dit kookboek ontdek je een gevarieerd aanbod aan saladerecepten die de schoonheid en veelzijdigheid van eetbare bloemen laten zien. Van verfrissende zomersalades boordevol seizoensbloemen tot stevige graankommen versierd met delicate bloemblaadjes, elk recept is gemaakt om de natuurlijke overvloed van de tuin te vieren en de eenvoudige salade naar nieuwe hoogten van smaak en elegantie te tillen.

Wat "'Van bloemblaadje tot bord: Bloem Stroom Salads'" onderscheidt, is de nadruk op gezondheid en welzijn. Elk recept is zorgvuldig samengesteld om een balans te bieden tussen voedingsstoffen en smaken, met een verscheidenheid aan verse groenten, fruit, granen, eiwitten en natuurlijk eetbare bloemen. Of u nu uw inname van vitamines en mineralen wilt verhogen, meer kleur en variatie aan uw dieet wilt toevoegen, of gewoon wilt genieten van een heerlijke en bevredigende maaltijd, deze salades bieden een voedzame en smaakvolle optie voor elke gelegenheid.

In dit kookboek vindt u praktische tips voor het selecteren, bewaren en bereiden van eetbare bloemen, evenals prachtige fotografie ter inspiratie voor uw culinaire creaties. Of u nu een eenvoudige salade bereidt voor een doordeweeks diner of een feestelijke bijeenkomst met vrienden organiseert, "Van bloemblaadje tot bord: Bloem Stroom Salads" biedt een overvloed aan heerlijke en voedzame recepten voor elke smaak en voorkeur.

LAVENDEL SALADES

1. Lavendel-perzik- en Burrata-salade

INGREDIËNTEN:
- 2 rijpe perziken, in plakjes gesneden
- 8 ons burrata-kaas
- 4 kopjes babyrucola
- 1/4 kop gehakte pistachenoten, geroosterd
- 2 eetlepels witte balsamicoazijn
- 1 eetlepel honing
- 1 theelepel gedroogde culinaire lavendel
- 3 eetlepels extra vergine olijfolie
- Zout en peper naar smaak

INSTRUCTIES:
a) Klop in een kleine kom de witte balsamicoazijn, honing, gedroogde lavendel, olijfolie, zout en peper samen om de dressing te maken.
b) Schik de babyrucola op een serveerschaal. Beleg met gesneden perziken en gescheurde stukjes burratakaas.
c) Druppel de dressing over de salade. Bestrooi met geroosterde pistachenoten. Serveer onmiddellijk.

2.Farfalle met Groenten en Lavendel

INGREDIËNTEN:
- ½ pond pasta, zoals farfalle, orecchiette of gemelli
- 2 of 3 teentjes knoflook, in dunne plakjes gesneden of geplet
- 2 courgettes of zomerpompoen, bijgesneden
- 2 wortels, geschild en bijgesneden
- 1 paprika, zonder klokhuis
- 3 eetlepels extra vergine olijfolie
- 1 theelepel verse of gedroogde lavendelbloemen, plus extra voor garnering
- Zout en versgemalen zwarte peper

INSTRUCTIES:
a) Breng een pan water aan de kook en zout het. Voeg de pasta toe en kook tot deze al dente is.
b) Snijd ondertussen de groenten in dunne plakjes met een keukenmachine, mandoline of mes.
c) Giet de olijfolie in een onverwarmde koekenpan en voeg de knoflook toe.
d) Kook de knoflook tot hij goudbruin begint te worden, af en toe roeren.
e) Wanneer de knoflook goudbruin kleurt, voeg je de groenten toe. Bestrooi met zout en peper en voeg de lavendel toe. Verpletter de bloemen met je vingertoppen zodat hun geur vrijkomt.
f) Kook, af en toe roerend, tot de groenten nauwelijks zacht worden, ongeveer 5 minuten.
g) Hopelijk is de pasta bijna gaar, net zoals de groenten bijna gaar zijn.
h) Giet de pasta af, bewaar wat kookwater.
i) Voeg pasta toe aan groenten en blijf koken, voeg indien nodig water toe om het mengsel vochtig te houden.
j) Als de pasta en de groenten zacht maar niet papperig zijn, pas dan de kruiden aan voor zout en peper.
k) Garneer met een paar lavendelbloemen.

3.Lavendel-honing-kipsalade

INGREDIËNTEN:
- 2 kipfilets zonder bot en zonder vel
- 6 kopjes gemengde groenten
- 1 kop kerstomaatjes, gehalveerd
- 1/2 kop gesneden komkommer
- 1/4 kopje verkruimelde fetakaas
- 1/4 kop geroosterde amandelen
- 2 eetlepels olijfolie
- 1 eetlepel appelazijn
- 1 eetlepel honing
- 1 theelepel gedroogde culinaire lavendel
- Zout en peper naar smaak

INSTRUCTIES:
a) Verwarm de oven voor op 190°C. Kruid de kipfilets met zout, peper en gedroogde lavendel. Bak gedurende 20-25 minuten of tot het gaar is. Laat afkoelen en snij dan in dunne plakjes.
b) Meng in een kleine kom de olijfolie, appelciderazijn, honing en een snufje gedroogde lavendel tot de dressing.
c) Meng in een grote kom de gemengde groenten, kerstomaatjes, gesneden komkommer, verkruimelde fetakaas en geroosterde amandelen.
d) Voeg de gesneden kip toe aan de salade. Besprenkel met de lavendelhoningdressing. Schud voorzichtig om te coaten en serveer.

4. Lavendel Citroen Quinoa Salade

INGREDIËNTEN:
- 1 kopje quinoa, gekookt en gekoeld
- 1/2 kopje gekookte kikkererwten
- 1/2 kopje in blokjes gesneden komkommer
- 1/4 kop gehakte verse peterselie
- 1/4 kopje verkruimelde fetakaas
- Schil van 1 citroen
- Sap van 1 citroen
- 2 eetlepels olijfolie
- 1 theelepel gedroogde culinaire lavendel
- Zout en peper naar smaak

INSTRUCTIES:
a) Meng in een grote kom de gekookte quinoa, kikkererwten, in blokjes gesneden komkommer, gehakte peterselie, verkruimelde fetakaas en citroenschil.
b) Meng in een kleine kom het citroensap, de olijfolie, de gedroogde lavendel, het zout en de peper tot de dressing.
c) Giet de dressing over de quinoasalade en roer voorzichtig door. Serveer gekoeld of op kamertemperatuur.

5.Lavendel-perziksalade met geitenkaas

INGREDIËNTEN:
- 2 rijpe perziken, in plakjes gesneden
- 4 kopjes rucola
- 1/4 kopje verkruimelde geitenkaas
- 1/4 kop geroosterde pecannoten
- 2 eetlepels balsamicoazijn
- 1 eetlepel honing
- 1 theelepel gedroogde culinaire lavendel
- 2 eetlepels extra vergine olijfolie
- Zout en peper naar smaak

INSTRUCTIES:
a) Klop in een kleine kom de balsamicoazijn, honing, gedroogde lavendel, olijfolie, zout en peper samen om de dressing te maken.
b) Meng in een grote kom de gesneden perziken, rucola, verkruimelde geitenkaas en geroosterde pecannoten.
c) Druppel de dressing over de salade en roer voorzichtig door. Serveer onmiddellijk.

6. Lavendel-bosbessen-spinaziesalade

INGREDIËNTEN:
- 4 kopjes babyspinazie
- 1 kop verse bosbessen
- 1/4 kopje verkruimelde fetakaas
- 1/4 kopje gesneden amandelen, geroosterd
- 2 eetlepels witte wijnazijn
- 1 eetlepel honing
- 1 theelepel gedroogde culinaire lavendel
- 3 eetlepels extra vergine olijfolie
- Zout en peper naar smaak

INSTRUCTIES:
a) Klop in een kleine kom de witte wijnazijn, honing, gedroogde lavendel, olijfolie, zout en peper samen om de dressing te maken.
b) Meng in een grote kom de babyspinazie, verse bosbessen, verkruimelde fetakaas en geroosterde amandelen.
c) Druppel de dressing over de salade en roer voorzichtig door. Serveer onmiddellijk.

7.Lavendelbessensalade met maanzaaddressing

INGREDIËNTEN:
- 6 kopjes gemengde groenten
- 1 kopje verse aardbeien, in plakjes gesneden
- 1/2 kop verse bosbessen
- 1/2 kop verse frambozen
- 1/4 kopje verkruimelde geitenkaas
- 1/4 kopje gesneden amandelen, geroosterd
- 2 eetlepels citroensap
- 1 theelepel citroenschil
- 1 eetlepel honing
- 1 theelepel gedroogde culinaire lavendel
- 1 eetlepel maanzaad
- 3 eetlepels extra vergine olijfolie
- Zout en peper naar smaak

INSTRUCTIES:
a) Meng in een kleine kom het citroensap, de citroenschil, de honing, de gedroogde lavendel, het maanzaad, de olijfolie, het zout en de peper om de dressing te maken.
b) Meng in een grote kom de gemengde groenten, gesneden aardbeien, bosbessen, frambozen, verkruimelde geitenkaas en geroosterde amandelen.
c) Druppel de dressing over de salade en roer voorzichtig door. Serveer onmiddellijk.

8.Lavendel Gegrilde Groentensalade

INGREDIËNTEN:
- 2 courgettes, in de lengte gesneden
- 1 rode paprika, in vieren
- 1 gele paprika, in vieren
- 1 rode ui, in rondjes gesneden
- 1 eetlepel olijfolie
- 1 theelepel gedroogde culinaire lavendel
- Zout en peper naar smaak
- 4 kopjes gemengde groenten
- 1/4 kop verkruimelde fetakaas
- 2 eetlepels balsamicoazijn
- 1 eetlepel honing
- 3 eetlepels extra vergine olijfolie

INSTRUCTIES:

a) Verwarm de grill voor op middelhoog vuur. Bestrijk de courgette, paprika en rode ui met olijfolie. Bestrooi met gedroogde lavendel, zout en peper.

b) Grill de groenten tot ze zacht en licht verkoold zijn, ongeveer 4-5 minuten per kant voor de courgette en paprika, en 2-3 minuten per kant voor de ui.

c) Haal de gegrilde groenten van de grill en laat ze iets afkoelen. Snijd in hapklare stukjes.

d) Klop in een kleine kom de balsamicoazijn, honing en extra vergine olijfolie samen om de dressing te maken.

e) Meng de gemengde groenten, gegrilde groenten en verkruimelde fetakaas in een grote kom. Besprenkel met de dressing en roer voorzichtig door tot het bedekt is. Serveer warm of op kamertemperatuur.

9.Lavendel-citrussalade met garnalen

INGREDIËNTEN:
- 1 pond garnalen, gepeld en ontdaan van darmen
- 1 eetlepel olijfolie
- 1 theelepel gedroogde culinaire lavendel
- Zout en peper naar smaak
- 6 kopjes gemengde groenten
- 1 sinaasappel, gesegmenteerd
- 1 grapefruit, gesegmenteerd
- 1/4 kopje gesneden rode ui
- 1/4 kop verkruimelde fetakaas
- 2 eetlepels sinaasappelsap
- 1 eetlepel citroensap
- 1 eetlepel honing
- 3 eetlepels extra vergine olijfolie

INSTRUCTIES:
a) Verhit olijfolie in een koekenpan op middelhoog vuur. Breng de garnalen op smaak met gedroogde lavendel, zout en peper. Kook de garnalen tot ze roze en ondoorzichtig zijn, ongeveer 2-3 minuten per kant. Haal van het vuur en zet opzij.

b) Meng in een kleine kom het sinaasappelsap, het citroensap, de honing en de extra vergine olijfolie tot de dressing.

c) Meng in een grote kom de gemengde groenten, sinaasappelpartjes, grapefruitpartjes, gesneden rode ui en verkruimelde fetakaas.

d) Voeg de gekookte garnalen toe aan de salade. Besprenkel met de dressing en roer voorzichtig door tot het bedekt is. Serveer onmiddellijk.

10.Salade van lavendelpeer en walnoot

INGREDIËNTEN:
- 4 kopjes gemengde groenten
- 2 rijpe peren, in dunne plakjes gesneden
- 1/2 kopje walnoten, geroosterd en gehakt
- 1/4 kopje verkruimelde blauwe kaas
- 2 eetlepels witte wijnazijn
- 1 eetlepel honing
- 1 theelepel gedroogde culinaire lavendel
- 3 eetlepels extra vergine olijfolie
- Zout en peper naar smaak

INSTRUCTIES:
a) Klop in een kleine kom de witte wijnazijn, honing, gedroogde lavendel, olijfolie, zout en peper samen om de dressing te maken.
b) Meng in een grote kom de gemengde groenten, gesneden peren, geroosterde walnoten en verkruimelde blauwe kaas.
c) Druppel de dressing over de salade en roer voorzichtig door. Serveer onmiddellijk.

11. Lavendel Tomaat Mozzarella Salade

INGREDIËNTEN:
- 2 kopjes kerstomaatjes, gehalveerd
- 8 ons verse mozzarellakaas, in blokjes gesneden
- 1/4 kopje verse basilicumblaadjes, gescheurd
- 2 eetlepels balsamicoazijn
- 1 eetlepel honing
- 1 theelepel gedroogde culinaire lavendel
- 3 eetlepels extra vergine olijfolie
- Zout en peper naar smaak

INSTRUCTIES:
a) Klop in een kleine kom de balsamicoazijn, honing, gedroogde lavendel, olijfolie, zout en peper samen om de dressing te maken.
b) Meng in een grote kom de kerstomaatjes, de in blokjes gesneden mozzarellakaas en de gescheurde basilicumblaadjes.
c) Druppel de dressing over de salade en roer voorzichtig door. Serveer onmiddellijk.

12.Lavendel Geroosterde Groentensalade

INGREDIËNTEN:
- 2 kopjes in blokjes gesneden pompoen
- 2 kopjes spruitjes, gehalveerd
- 1 rode ui, in plakjes gesneden
- 2 eetlepels olijfolie
- 1 theelepel gedroogde culinaire lavendel
- Zout en peper naar smaak
- 4 kopjes babyspinazie
- 1/4 kop gedroogde veenbessen
- 1/4 kopje verkruimelde geitenkaas
- 2 eetlepels balsamicoazijn
- 1 eetlepel honing
- 3 eetlepels extra vergine olijfolie

INSTRUCTIES:
a) Verwarm de oven voor op 200 °C. Leg de pompoen, spruitjes en rode ui op een bakplaat. Besprenkel met olijfolie, bestrooi met gedroogde lavendel, zout en peper. Rooster gedurende 25-30 minuten, tot de groenten zacht en licht gekaramelliseerd zijn. Laten afkoelen.
b) Klop in een kleine kom balsamicoazijn, honing en olijfolie samen om de dressing te maken.
c) Meng in een grote kom geroosterde groenten, babyspinazie, gedroogde veenbessen en verkruimelde geitenkaas. Besprenkel met dressing en schep voorzichtig om. Serveer onmiddellijk.

13.Lavendelkip en bessensalade

INGREDIËNTEN:
- 2 kipfilets zonder bot en zonder vel
- 1 eetlepel olijfolie
- 1 theelepel gedroogde culinaire lavendel
- Zout en peper naar smaak
- 6 kopjes gemengde groenten
- 1 kopje verse aardbeien, in plakjes gesneden
- 1/2 kopje verse bosbessen
- 1/4 kopje gesneden amandelen, geroosterd
- 2 eetlepels frambozenazijn
- 1 eetlepel honing
- 3 eetlepels extra vergine olijfolie

INSTRUCTIES:
a) Verhit olijfolie in een koekenpan op middelhoog vuur. Kruid de kipfilets met gedroogde lavendel, zout en peper. Kook tot ze bruin en gaar zijn, ongeveer 6-7 minuten per kant. Laat afkoelen en snij dan in dunne plakjes.

b) Klop in een kleine kom frambozenazijn, honing en olijfolie samen om de dressing te maken.

c) Meng in een grote kom gemengde groenten, gesneden aardbeien, bosbessen en geroosterde amandelen. Leg er gesneden kip bovenop. Besprenkel met dressing en schep voorzichtig om. Serveer onmiddellijk.

14. Lavendel-sinaasappel-kipsalade

INGREDIËNTEN:
- 2 kipfilets zonder bot en zonder vel
- 1 eetlepel olijfolie
- 1 theelepel gedroogde culinaire lavendel
- Zout en peper naar smaak
- 6 kopjes gemengde groenten
- 2 sinaasappels, in partjes
- 1/4 kop gedroogde veenbessen
- 1/4 kopje gesneden amandelen, geroosterd
- 2 eetlepels sinaasappelsap
- 1 eetlepel honing
- 1 theelepel Dijon-mosterd
- 3 eetlepels extra vergine olijfolie

INSTRUCTIES:

a) Verhit olijfolie in een koekenpan op middelhoog vuur. Kruid de kipfilets met gedroogde lavendel, zout en peper. Kook tot ze bruin en gaar zijn, ongeveer 6-7 minuten per kant. Laat afkoelen en snij dan in dunne plakjes.

b) Meng in een kleine kom sinaasappelsap, honing, Dijon-mosterd en olijfolie om de dressing te maken.

c) Meng in een grote kom gemengde groenten, sinaasappelpartjes, gedroogde veenbessen en geroosterde amandelen. Leg er gesneden kip bovenop. Besprenkel met dressing en schep voorzichtig om. Serveer onmiddellijk.

15.Salade van lavendelgeitenkaas en bieten

INGREDIËNTEN:
- 4 middelgrote bieten, gekookt, geschild en in plakjes gesneden
- 4 kopjes babyspinazie
- 1/4 kopje verkruimelde geitenkaas
- 1/4 kop gehakte walnoten, geroosterd
- 2 eetlepels balsamicoazijn
- 1 eetlepel honing
- 1 theelepel gedroogde culinaire lavendel
- 3 eetlepels extra vergine olijfolie
- Zout en peper naar smaak

INSTRUCTIES:
a) Meng in een kleine kom balsamicoazijn, honing, gedroogde lavendel, olijfolie, zout en peper om de dressing te maken.
b) Meng in een grote kom gesneden bieten, babyspinazie, verkruimelde geitenkaas en geroosterde walnoten.
c) Besprenkel met dressing en schep voorzichtig om. Serveer onmiddellijk.

16. Quinoasalade met Feta en Veenbessen

INGREDIËNTEN:
- 1 kopje quinoa, gekookt en gekoeld
- 1/4 kop gedroogde veenbessen
- 1/4 kopje verkruimelde fetakaas
- 1/4 kop gehakte verse peterselie
- 2 eetlepels citroensap
- 1 eetlepel honing
- 1 theelepel gedroogde culinaire lavendel
- 3 eetlepels extra vergine olijfolie
- Zout en peper naar smaak

INSTRUCTIES:
a) Meng in een kleine kom citroensap, honing, gedroogde lavendel, olijfolie, zout en peper om de dressing te maken.
b) Meng in een grote kom gekookte quinoa, gedroogde veenbessen, verkruimelde fetakaas en gehakte peterselie.
c) Besprenkel met dressing en schep voorzichtig om. Serveer gekoeld of op kamertemperatuur.

17. Lavendel Geroosterde Aardappelsalade

INGREDIËNTEN:
- 1 1/2 pond krieltjes, gehalveerd
- 2 eetlepels olijfolie
- 1 theelepel gedroogde culinaire lavendel
- Zout en peper naar smaak
- 4 kopjes rucola
- 1/4 kopje verkruimelde blauwe kaas
- 2 eetlepels rode wijnazijn
- 1 eetlepel honing
- 3 eetlepels extra vergine olijfolie

INSTRUCTIES:
a) Verwarm de oven voor op 200 °C. Meng de gehalveerde krieltjes met olijfolie, gedroogde lavendel, zout en peper. Rooster 25-30 minuten tot ze gaar en goudbruin zijn.
b) Klop in een kleine kom rode wijnazijn, honing en olijfolie samen om de dressing te maken.
c) Meng in een grote kom geroosterde aardappelen, rucola en verkruimelde blauwe kaas. Besprenkel met dressing en schep voorzichtig om. Serveer warm of op kamertemperatuur.

ROZEN SALADES

18. Zomersalade met bessen en rozen

INGREDIËNTEN:
- 2 kopjes gemengde saladegroenten
- 1 kopje verse aardbeien, in plakjes gesneden
- 1 kopje verse frambozen
- 1/2 kop verse bosbessen
- 1/4 kop gehakte pecannoten
- 2 eetlepels gehakte verse muntblaadjes
- 2 eetlepels gehakte verse rozenblaadjes
- 2 eetlepels frambozenazijn
- 1 eetlepel honing
- Zout en peper naar smaak

INSTRUCTIES:
a) Meng in een kleine kom frambozenazijn, honing, zout en peper tot de dressing.
b) Meng in een grote mengkom de gemengde saladegroenten, gesneden aardbeien, frambozen, bosbessen, gehakte pecannoten, gehakte muntblaadjes en gehakte rozenblaadjes.
c) Druppel de dressing over de salade en roer voorzichtig door.
d) Serveer onmiddellijk.

19. Winterrozenblaadjessalade met sinaasappelvinaigrette

INGREDIËNTEN:
ORANJE VINAIGRETTE:
- 1/4 kopje vers geperst sinaasappelsap
- 1 theelepel sinaasappelschil
- 2 eetlepels balsamicoazijn
- 1/4 kop olijfolie
- 2 eetlepels honing (of ahornsiroop voor veganisten)
- 1 theelepel zwarte sesamzaadjes
- 1 theelepel maanzaad
- 1/2 theelepel zout
- 1/2 theelepel rozemarijn
- 1/4 theelepel peper

SALADE
- Bloemblaadjes van 4 grote rozen, gewassen en gescheurd
- 4 kopjes verse groene bladsla, versnipperd
- 1 middelgrote rijpe avocado, in plakjes gesneden
- 1 grote gala-appel, klokhuis verwijderd en in plakjes gesneden
- 1/2 kopje gedroogde veenbessen
- 1/4 kopje granaatappelpitjes
- 1/4 kop walnoten, grof gehakt
- 1/4 kopje geschaafde amandelen

INSTRUCTIES:

a) Voor de sinaasappelvinaigrette: Meng in een pot met een goed sluitend deksel het vers geperste sinaasappelsap, de sinaasappelschil, balsamicoazijn, olijfolie, honing (of ahornsiroop), zwarte sesamzaadjes, maanzaad, zout, rozemarijn en peper .

b) Goed schudden om te combineren. Als u het niet onmiddellijk gebruikt, bewaar het dan maximaal 1 week in de koelkast. Goed schudden voor het serveren.

c) Voor de salade: Meng in een grote kom de gescheurde rozenblaadjes, geraspte groene bladsla, gesneden avocado, gesneden gala-appel, gedroogde veenbessen, granaatappelpitjes, walnoten en geschaafde amandelen.

d) Sprenkel de gewenste hoeveelheid sinaasappelvinaigrette over de salade en roer voorzichtig om. Voor een visueel aantrekkelijke presentatie kunt u de salade-ingrediënten ook verdelen over 4 tot 6 borden.

e) Serveer met extra dressing ernaast.

20.Salade van bosbessen en rozenblaadjes

INGREDIËNTEN:
- 2 kopjes verse bosbessen
- 1 kopje gemengde saladegroenten (zoals rucola, spinazie of gemengde babygroenten)
- 1/4 kopje verse muntblaadjes, gehakt
- 1/4 kopje verse basilicumblaadjes, gescheurd
- Eetbare rozenblaadjes (zorg ervoor dat ze vrij zijn van pesticiden)
- 1/4 kopje verkruimelde fetakaas
- 1/4 kopje gehakte walnoten of amandelen
- Balsamico azijn
- Olijfolie
- Zout en peper naar smaak

INSTRUCTIES:
a) Spoel de bosbessen en de groene salades grondig af onder koud water. Dep ze droog met keukenpapier of een schone theedoek.
b) Meng in een grote slakom de gemengde slagroenten, bosbessen, gehakte muntblaadjes, gescheurde basilicumblaadjes en een handvol eetbare rozenblaadjes.
c) Rooster de gehakte walnoten of amandelen in een kleine koekenpan op middelhoog vuur tot ze licht goudbruin en geurig zijn. Haal van het vuur en laat ze afkoelen.
d) Strooi de verkruimelde fetakaas en geroosterde noten over de salade.
e) Besprenkel de salade met balsamicoazijn en olijfolie. Breng op smaak met zout en peper.
f) Meng alle ingrediënten voorzichtig totdat ze goed gemengd zijn.
g) Serveer onmiddellijk als een verfrissende en kleurrijke salade.
h) Geniet van je salade met bosbessen en rozenblaadjes!

21. Salade van tuinerwten en rozenblaadjes

INGREDIËNTEN:
- 1 handvol groene bladsla
- 1 handvol rode bladsla
- 1 handvol paarse paksoi
- 1 handvol spinazie
- 1 handvol basilicum
- 10-15 verse erwten
- Rozenblaadjes
- 1 eetlepel biologische yoghurt
- 1 eetlepel olijfolie
- 2 theelepels honing
- 1 teentje knoflook, fijngehakt

INSTRUCTIES:
a) Begin met het grondig schoonmaken van alle groenten en scheur ze in hapklare stukjes.
b) Snijd de basilicum fijn en snijd de verse erwten in plakjes.
c) Meng in een middelgrote kom de greens, gehakte basilicum en gesneden erwten. Voeg een paar rozenblaadjes toe aan het mengsel en bewaar het meeste voor garnering.
d) Meng in een aparte kleine kom de biologische yoghurt, olijfolie, honing en gehakte knoflook tot alles goed gemengd is.
e) Giet de yoghurtdressing over het salademengsel en roer tot het gelijkmatig bedekt is.
f) Garneer de salade met de overgebleven rozenblaadjes.
g) Geniet van uw tuinerwten- en rozenblaadjessalade!

22. Mooie bloemensalade met rozenvinaigrette

INGREDIËNTEN:

Rozenvinaigrette:
- 3 eetlepels kokend water
- 1 zakje rozenkruidenthee
- 1 ½ eetlepel extra vergine olijfolie
- ½ theelepel agavesiroop (optioneel)
- Vers gemalen zwarte peper
- Snufje zout (optioneel)

Bloemensalade:
- 6 kopjes gemengde babysaladegroenten
- ¼ kopje eetbare bloemblaadjes (zoals korenbloem, zonnebloem, viooltjes, chrysant, calendula, roos, lavendel, kruiden- en groentebloemen)
- 1 kopje verse bessen (frambozen, bosbessen, bramen)
- 1 eetlepel hennepzaad
- 1 eetlepel chiazaad
- 1 eetlepel geraspte, ongezoete kokosnoot

INSTRUCTIES:

a) Om de vinaigrette te maken, doe je kokend water in een klein kopje en voeg je het zakje rozenkruidenthee toe. Laat het 30 minuten bij kamertemperatuur trekken en verwijder dan het theezakje. Meng de gekoelde thee met extra vergine olijfolie, agavesiroop (indien gebruikt), versgemalen zwarte peper en een snufje zout (indien gewenst) in een kleine schaal tot een gladde massa.

b) Meng voor de salade de gemengde babysalade, eetbare bloemblaadjes, verse bessen, hennepzaad, chiazaad, kokosnoot en de bereide rozenvinaigrette lichtjes tot alles gemengd is.

c) Serveer onmiddellijk en geniet van de frisheid en smaak van deze prachtige bloemensalade.

d) Geniet van deze levendige en voedzame mooie bloemensalade met rozenvinaigrette!

23. Salade van geroosterde zalm met rosévinaigrette

INGREDIËNTEN:
VOOR DE ZALM:
- 1 tot 1 ½ pond Verlasso-zalm
- 2 theelepels olijfolie
- Kosjer zout en zwarte peper

VOOR DE DRESSING:
- 3 eetlepels droge roséwijn (niet mousserend)
- ½ eetlepel witte wijnazijn
- ½ theelepel Dijon-mosterd
- ½ theelepel suiker
- Snufje zout
- ¼ kopje olie met een neutrale smaak, zoals avocado-olie

INSTRUCTIES:
a) Verwarm de oven voor op 425°F. Leg de zalm op een met folie beklede bakplaat. Bestrijk ze met olijfolie en breng op smaak met peper en zout. Rooster gedurende 12-14 minuten. Zet opzij om iets af te koelen.
b) Om de dressing te maken, klop je de roséwijn, witte wijnazijn, Dijon-mosterd, suiker en zout in een pot. Voeg de neutrale gearomatiseerde olie toe en dek af met een goed sluitend deksel. Goed schudden om te combineren.
c) Verdeel de sla over 4 borden. Beleg elk met gelijke delen gesneden komkommers, frambozen, gesneden avocado, gesneden groene uien en in blokjes gesneden fetakaas.
d) Beleg de salades met de geroosterde zalm en breng op smaak met de roséwijnvinaigrette.
e) Serveer met gekoelde rosé voor een verfrissende maaltijd.
f) Om vooruit te bereiden, bereidt u de zalm en de vinaigrette volgens de instructies. In luchtdichte glazen containers maximaal 3 dagen in de koelkast bewaren. Serveer de zalm gekoeld of op kamertemperatuur als je hem van tevoren klaarmaakt.

24. Salade van watermeloen en rozenblaadjes

INGREDIËNTEN:
- In blokjes gesneden watermeloen
- Verse muntblaadjes
- Eetbare rozenblaadjes
- Fetakaas, verkruimeld
- Zwarte olijven, ontpit en in plakjes gesneden
- Dressing: Citroenvinaigrette

INSTRUCTIES:
a) Combineer de in blokjes gesneden watermeloen, verse muntblaadjes, rozenblaadjes, verkruimelde fetakaas en gesneden zwarte olijven.
b) Besprenkel met citroenvinaigrette en roer voorzichtig door.

25.Salade van komkommer en rozenblaadjes

INGREDIËNTEN:
- Gesneden komkommers
- Rode ui, in dunne plakjes gesneden
- Eetbare rozenblaadjes
- Griekse yoghurt
- Citroensap
- Dille, gehakt

INSTRUCTIES:
a) Meng de gesneden komkommers, de in dunne plakjes gesneden rode ui en de rozenblaadjes door elkaar.
b) Meng in een aparte kom Griekse yoghurt, citroensap en gehakte dille om de dressing te maken.
c) Meng de salade met de dressing en serveer.

26. Quinoa- en rozenblaadjessalade

INGREDIËNTEN:
- Gekookte quinoa
- Cherrytomaatjes, gehalveerd
- Eetbare rozenblaadjes
- Kikkererwten, uitgelekt en afgespoeld
- Verse peterselie, gehakt
- Dressing: Citroen-tahinidressing

INSTRUCTIES:
a) Meng in een grote kom gekookte quinoa, gehalveerde kerstomaatjes, rozenblaadjes, uitgelekte kikkererwten en gehakte peterselie.
b) Besprenkel met citroen-tahinidressing en meng door elkaar.

27.Salade van geroosterde bieten en rozen

INGREDIËNTEN:
- 3 middelgrote bieten, geroosterd en in blokjes gesneden
- 2 kopjes gemengde saladegroenten
- 1/4 kop verkruimelde fetakaas
- 1/4 kopje gehakte walnoten
- 1/4 kopje gedroogde veenbessen
- 2 eetlepels gehakte verse rozenblaadjes
- 2 eetlepels balsamicoazijn
- 1 eetlepel honing
- Zout en peper naar smaak

INSTRUCTIES:
a) Klop in een kleine kom balsamicoazijn, honing, zout en peper samen om de dressing te maken.
b) Meng in een grote mengkom de geroosterde bieten, gemengde groene salades, verkruimelde fetakaas, gehakte walnoten, gedroogde veenbessen en gehakte rozenblaadjes.
c) Druppel de dressing over de salade en roer voorzichtig door.
d) Serveer onmiddellijk.

28.Gegrilde perzik- en rozensalade

INGREDIËNTEN:
- 2 rijpe perziken, gehalveerd en ontpit
- 4 kopjes rucola
- 1/4 kopje verkruimelde geitenkaas
- 2 eetlepels gehakte verse basilicumblaadjes
- 2 eetlepels gehakte verse rozenblaadjes
- 2 eetlepels extra vergine olijfolie
- 1 eetlepel balsamicoazijn
- Zout en peper naar smaak

INSTRUCTIES:
a) Verwarm de grill voor op middelhoog vuur.
b) Bestrijk de gesneden kant van elke perzikhelft met olijfolie en bestrooi met zout en peper.
c) Grill de perziken met de snijkant naar beneden gedurende ongeveer 3-4 minuten, totdat er grillsporen verschijnen en de perziken iets zachter zijn.
d) Haal de perziken van de grill en laat ze iets afkoelen.
e) Meng in een grote mengkom de rucola, verkruimelde geitenkaas, gehakte basilicumblaadjes en gehakte rozenblaadjes.
f) Meng in een kleine kom de resterende olijfolie, balsamicoazijn, zout en peper tot de dressing.
g) Snijd de gegrilde perziken in plakjes en voeg ze toe aan de salade.
h) Druppel de dressing over de salade en roer voorzichtig door.
i) Serveer onmiddellijk.

29. Mediterrane rozensalade

INGREDIËNTEN:
- 2 kopjes gekookte couscous
- 1 kop kerstomaatjes, gehalveerd
- 1/2 kopje gesneden komkommer
- 1/4 kop gesneden Kalamata-olijven
- 1/4 kop verkruimelde fetakaas
- 2 eetlepels gehakte verse peterselie
- 2 eetlepels gehakte verse muntblaadjes
- 2 eetlepels gehakte verse rozenblaadjes
- 2 eetlepels citroensap
- 2 eetlepels extra vergine olijfolie
- Zout en peper naar smaak

INSTRUCTIES:
a) Meng in een grote mengkom de gekookte couscous, kerstomaatjes, gesneden komkommer, Kalamata-olijven, verkruimelde fetakaas, gehakte peterselie, gehakte muntblaadjes en gehakte rozenblaadjes.
b) Meng in een kleine kom het citroensap, de olijfolie, het zout en de peper tot de dressing.
c) Druppel de dressing over de salade en roer voorzichtig door.
d) Serveer onmiddellijk of bewaar in de koelkast tot het klaar is om te serveren.

30. Salade van geroosterde bieten en rozen

INGREDIËNTEN:
- 3 middelgrote bieten, geschild en in dunne plakjes gesneden
- 4 kopjes babyspinazie
- 1/2 kopje walnoten, geroosterd en gehakt
- 1/4 kopje verkruimelde geitenkaas
- 1/4 kop dun gesneden rode uien
- 3 eetlepels olijfolie
- 2 eetlepels balsamicoazijn
- 1 theelepel Dijon-mosterd
- 1/2 theelepel rozenwater
- Zout en peper naar smaak

INSTRUCTIES:
a) Verwarm uw oven voor op 200°C. Leg de gesneden bieten op een bakplaat bekleed met bakpapier. Besprenkel met olijfolie en breng op smaak met peper en zout. Rooster gedurende 20-25 minuten of tot ze gaar zijn.
b) Meng in een kleine kom de olijfolie, balsamicoazijn, Dijon-mosterd en rozenwater tot de dressing.
c) Meng in een grote kom de geroosterde bieten, babyspinazie, geroosterde walnoten, verkruimelde geitenkaas en gesneden rode uien.
d) Druppel de dressing over de salade en roer voorzichtig door. Serveer onmiddellijk.

31. Vijgen- en rozensalade

INGREDIËNTEN:
- 4 verse vijgen, in plakjes gesneden
- 4 kopjes gemengde groenten
- 1/4 kopje verkruimelde blauwe kaas
- 1/4 kopje geroosterde hazelnoten, gehakt
- 2 plakjes prosciutto, in dunne plakjes gesneden
- 3 eetlepels vijgenbalsamicoazijn
- 2 eetlepels extra vergine olijfolie
- 1 eetlepel citroensap
- 1/2 theelepel rozenwater
- Zout en peper naar smaak

INSTRUCTIES:
a) Meng in een kleine kom de vijgenbalsamicoazijn, olijfolie, citroensap en rozenwater tot de dressing.
b) Meng in een grote kom de gesneden vijgen, gemengde groenten, verkruimelde blauwe kaas, geroosterde hazelnoten en dun gesneden prosciutto.
c) Druppel de dressing over de salade en roer voorzichtig door. Breng op smaak met zout en peper. Serveer onmiddellijk.

32.Citrus- en rozensalade

INGREDIËNTEN:
- 2 sinaasappels, gesegmenteerd
- 1 grapefruit, gesegmenteerd
- 4 kopjes babykool
- 1/4 kopje gesneden amandelen, geroosterd
- 1/4 kop verkruimelde fetakaas
- 1/4 kop dun gesneden rode kool
- 3 eetlepels sinaasappelsap
- 1 eetlepel citroensap
- 2 eetlepels olijfolie
- 1 eetlepel honing
- 1/2 theelepel rozenwater
- Zout en peper naar smaak

INSTRUCTIES:

a) Meng in een kleine kom het sinaasappelsap, het citroensap, de olijfolie, de honing en het rozenwater tot de dressing.

b) Meng in een grote kom de gesegmenteerde sinaasappels en grapefruit, boerenkool, geroosterde amandelen, verkruimelde fetakaas en gesneden rode kool.

c) Druppel de dressing over de salade en roer voorzichtig door. Breng op smaak met zout en peper. Serveer onmiddellijk.

33.Peren- en rozensalade

INGREDIËNTEN:
- 2 rijpe peren, in dunne plakjes gesneden
- 4 kopjes gemengde groenten
- 1/4 kopje verkruimelde gorgonzola-kaas
- 1/4 kop gekonfijte pecannoten
- 1/4 kop dun gesneden rode druiven
- 3 eetlepels witte balsamicoazijn met pereninfusie
- 2 eetlepels extra vergine olijfolie
- 1 eetlepel appelazijn
- 1/2 theelepel rozenwater
- Zout en peper naar smaak

INSTRUCTIES:

a) Meng in een kleine kom de met peren doordrenkte witte balsamicoazijn, olijfolie, appelazijn en rozenwater tot de dressing.

b) Meng in een grote kom de gesneden peren, gemengde groenten, verkruimelde gorgonzolakaas, gekonfijte pecannoten en gesneden rode druiven.

c) Druppel de dressing over de salade en roer voorzichtig door. Breng op smaak met zout en peper. Serveer onmiddellijk.

HIBISCUS SALADES

34. Hibiscus-quinoasalade

INGREDIËNTEN:
- 1 kopje gekookte quinoa
- ½ kopje hibiscusthee (sterk gebrouwen en gekoeld)
- 1 kop kerstomaatjes, gehalveerd
- ½ kopje komkommer, in blokjes gesneden
- ¼ kopje rode ui, fijngehakt
- ¼ kopje verkruimelde fetakaas
- 2 eetlepels gehakte verse peterselie
- 2 eetlepels citroensap
- 2 eetlepels extra vergine olijfolie
- Zout en peper naar smaak

INSTRUCTIES:

a) Meng in een grote kom de gekookte quinoa, hibiscusthee, kerstomaatjes, komkommer, rode ui, verkruimelde fetakaas en gehakte verse peterselie.

b) Meng in een kleine kom het citroensap, de olijfolie, het zout en de peper.

c) Giet de dressing over de quinoasalade en roer voorzichtig door elkaar.

d) Laat de salade ongeveer 15 minuten staan, zodat de smaken zich kunnen vermengen. Pas indien nodig de kruiden aan.

e) Serveer de quinoasalade met hibiscus als verfrissend bijgerecht of voeg gegrilde kip, garnalen of kikkererwten toe om er een complete maaltijd van te maken.

35. Salade van hibiscus en geitenkaas

INGREDIËNTEN:
- 4 kopjes gemengde saladegroenten
- 1 kopje gekookte quinoa
- ½ kopje verkruimelde geitenkaas
- ¼ kopje gedroogde hibiscusbloemen
- ¼ kopje geroosterde pijnboompitten
- 2 eetlepels balsamicoazijn
- 2 eetlepels extra vergine olijfolie
- Zout en peper naar smaak

INSTRUCTIES:

a) Meng in een grote slakom de gemengde slagroenten, gekookte quinoa, verkruimelde geitenkaas, gedroogde hibiscusbloemen en geroosterde pijnboompitten.
b) Meng in een kleine kom balsamicoazijn, olijfolie, zout en peper.
c) Druppel de dressing over de salade en roer voorzichtig door elkaar.
d) Serveer de hibiscus-geitenkaassalade als licht en verfrissend bijgerecht of voeg gegrilde kip of garnalen toe om er een complete maaltijd van te maken.

36.Hibiscus-citrussalade

INGREDIËNTEN:
- 2 kopjes gemengde groenten
- 1 sinaasappel, gesegmenteerd
- 1 grapefruit, gesegmenteerd
- 1/4 kop hibiscusbloemen, gedroogd
- 1/4 kopje gesneden amandelen, geroosterd
- 1/4 kopje verkruimelde geitenkaas
- 2 eetlepels sinaasappelsap
- 1 eetlepel honing
- 1 eetlepel balsamicoazijn
- 3 eetlepels extra vergine olijfolie
- Zout en peper naar smaak

INSTRUCTIES:
a) Meng in een kleine kom sinaasappelsap, honing, balsamicoazijn en olijfolie om de dressing te maken.
b) Meng in een grote kom gemengde groenten, sinaasappelpartjes, grapefruitpartjes, hibiscusbloemen, geroosterde amandelen en verkruimelde geitenkaas.
c) Besprenkel met dressing en schep voorzichtig om. Breng op smaak met zout en peper. Serveer onmiddellijk.

37.Hibiscus-Avocadosalade

INGREDIËNTEN:
- 2 rijpe avocado's, in blokjes gesneden
- 2 kopjes gemengde groenten
- 1/4 kop hibiscusbloemen, gedroogd
- 1/4 kop gesneden radijsjes
- 1/4 kopje verkruimelde fetakaas
- 2 eetlepels citroensap
- 1 eetlepel honing
- 3 eetlepels extra vergine olijfolie
- Zout en peper naar smaak

INSTRUCTIES:
a) Meng in een kleine kom het citroensap, de honing en de olijfolie tot de dressing.
b) Meng in een grote kom de in blokjes gesneden avocado's, gemengde groenten, hibiscusbloemen, gesneden radijsjes en verkruimelde fetakaas.
c) Besprenkel met dressing en schep voorzichtig om. Breng op smaak met zout en peper. Serveer onmiddellijk.

38.Hibiscus-bietensalade

INGREDIËNTEN:
- 2 middelgrote bieten, geroosterd, geschild en in plakjes gesneden
- 4 kopjes rucola
- 1/4 kop hibiscusbloemen, gedroogd
- 1/4 kop geroosterde walnoten, gehakt
- 1/4 kopje verkruimelde geitenkaas
- 2 eetlepels balsamicoazijn
- 1 eetlepel honing
- 3 eetlepels extra vergine olijfolie
- Zout en peper naar smaak

INSTRUCTIES:
a) Klop in een kleine kom balsamicoazijn, honing en olijfolie samen om de dressing te maken.
b) Meng in een grote kom geroosterde bietenplakken, rucola, hibiscusbloemen, geroosterde walnoten en verkruimelde geitenkaas.
c) Besprenkel met dressing en schep voorzichtig om. Breng op smaak met zout en peper. Serveer onmiddellijk.

NASTURTIUM SALADES

39. Oost-Indische kers en druivensalade

INGREDIËNTEN:
- 1 krop rode sla
- 1 kop pitloze druiven
- 8 Oost-Indische kersblaadjes
- 16 Oost-Indische kers bloeit

VINAIGRETTE:
- 3 eetlepels Saladeolie
- 1 eetlepel Witte wijnazijn
- 1½ theelepel Dijon-mosterd
- 1 snufje zwarte peper

INSTRUCTIES:
a) Schik op elk van de vier borden 5 rode slablaadjes, ¼ kopje druiven, 2 Oost-Indische kersblaadjes en 4 Oost-Indische kersbloesems.
b) Meng alle ingrediënten voor de vinaigrette in een kom.
c) Druppel de dressing gelijkmatig over elke salade.
d) Serveer onmiddellijk.

40.Aardappel- en Oost-Indische kerssalade

INGREDIËNTEN:
- 6 Nieuwe aardappelen, van gelijke grootte
- 1 eetlepel Zeezout
- 3 kopjes Oost-Indische kers, zeer mals
- Jonge bladeren en stengels, los verpakt
- ½ kopje Gehakte dille-augurken
- 2 eetlepels Ingemaakte Oost-Indische kers of kappertjes
- 1 teentje knoflook, fijngehakt
- 5 eetlepels Extra vergine olijfolie
- ¼ kopje Rode wijnazijn
- Versgemalen zwarte peper, naar smaak
- 2 eetlepels Italiaanse peterselie, fijngehakt
- 1 Hand Oost-Indische kersbloemblaadjes
- 1 Hele Oost-Indische kersbloem en bladeren, voor garnering

INSTRUCTIES:
a) Doe de aardappelen in de pan en bedek ze met water tot ongeveer 5 cm, samen met 1 eetlepel zeezout. Dek af en breng aan de kook.
b) Haal het deksel van de pan en laat ongeveer 20 minuten zachtjes koken, of tot de aardappelen gaar zijn.
c) Giet de aardappelen af en laat afkoelen.
d) Als het voldoende is afgekoeld om te hanteren, schilt u de aardappelen en snijdt u ze in mooie dobbelsteentjes.
e) Doe de aardappelen in een kom.
f) Snijd de bladeren van de Oost-Indische kers en de zachte stengels en voeg ze toe aan de kom, samen met de dille-augurken, de knoppen van de Oost-Indische kers en de knoflook.
g) Voeg naar smaak olijfolie, azijn, zout en peper toe.
h) Schud voorzichtig en zorg ervoor dat u de aardappelen niet verplettert.
i) Schik de aardappelsalade op een ouderwets serveerbord en strooi de gehakte peterselie erover.
j) Snijd de bloemblaadjes in reepjes en strooi over de salade. Garneer met hele bloemen en bladeren.

41.Oost-Indische Garnalen Voorgerecht Salade

INGREDIËNTEN:
- 2 theelepels Vers citroensap
- ¼ kopje olijfolie
- Zout en peper
- 1 kopje gekookte garnalen, gehakt
- 2 eetlepels Gehakte ui
- 1 Tomaat, in blokjes
- 1 Avocado, in blokjes
- Sla blaadjes
- 2 eetlepels Gehakte Oost-Indische kersbladeren
- Oost-Indische kers bloemen

INSTRUCTIES:
a) Klop het citroensap en de olie door elkaar. Breng op smaak met zout en peper.
b) Voeg de ui en garnalen toe en meng. Laat 15 minuten staan.
c) Voeg de tomaat, avocado en gehakte Oost-Indische kersblaadjes toe.
d) Hoop op slablaadjes en omring met verse hele Oost-Indische kersbloemen.

42. Salade van Oost-Indische kers en Aardbeien

INGREDIËNTEN:
- 2 kopjes Oost-Indische kersbladeren en bloemen, gewassen en gedroogd
- 1 kopje verse aardbeien, in plakjes gesneden
- 1/4 kopje verkruimelde fetakaas
- 1/4 kopje gesneden amandelen, geroosterd
- 2 eetlepels balsamicoazijn
- 1 eetlepel honing
- 3 eetlepels extra vergine olijfolie
- Zout en peper naar smaak

INSTRUCTIES:
a) Klop in een kleine kom balsamicoazijn, honing en olijfolie samen om de dressing te maken.
b) Meng in een grote kom Oost-Indische kersbladeren en bloemen, gesneden aardbeien, verkruimelde fetakaas en geroosterde amandelen.
c) Besprenkel met dressing en schep voorzichtig om. Breng op smaak met zout en peper. Serveer onmiddellijk.

43. Salade van Oost-Indische kers en Avocado

INGREDIËNTEN:
- 2 kopjes Oost-Indische kersbladeren en bloemen, gewassen en gedroogd
- 2 rijpe avocado's, in blokjes gesneden
- 1/4 kop kerstomaatjes, gehalveerd
- 1/4 kop gesneden komkommer
- 1/4 kopje verkruimelde geitenkaas
- 2 eetlepels citroensap
- 1 eetlepel honing
- 3 eetlepels extra vergine olijfolie
- Zout en peper naar smaak

INSTRUCTIES:
a) Meng in een kleine kom het citroensap, de honing en de olijfolie tot de dressing.
b) Meng in een grote kom de bladeren en bloemen van de Oost-Indische kers, de in blokjes gesneden avocado's, de kerstomaatjes, de gesneden komkommer en de verkruimelde geitenkaas.
c) Besprenkel met dressing en schep voorzichtig om. Breng op smaak met zout en peper. Serveer onmiddellijk.

44. Salade van Oost-Indische kers en Bieten

INGREDIËNTEN:
- 2 kopjes Oost-Indische kersbladeren en bloemen, gewassen en gedroogd
- 2 middelgrote bieten, geroosterd, geschild en in plakjes gesneden
- 4 kopjes babyspinazie
- 1/4 kopje verkruimelde blauwe kaas
- 1/4 kop gehakte walnoten, geroosterd
- 2 eetlepels balsamicoazijn
- 1 eetlepel honing
- 3 eetlepels extra vergine olijfolie
- Zout en peper naar smaak

INSTRUCTIES:
a) Klop in een kleine kom balsamicoazijn, honing en olijfolie samen om de dressing te maken.
b) Meng in een grote kom de bladeren en bloemen van de Oost-Indische kers, de geroosterde plakjes bieten, de babyspinazie, de verkruimelde blauwe kaas en de gehakte walnoten.
c) Besprenkel met dressing en schep voorzichtig om. Breng op smaak met zout en peper. Serveer onmiddellijk.

45.Oost-Indische kers en Kipsalade

INGREDIËNTEN:
- 2 kopjes Oost-Indische kersbladeren en bloemen, gewassen en gedroogd
- 2 kipfilets zonder bot, zonder vel, gekookt en in blokjes gesneden
- 4 kopjes gemengde groenten
- 1/4 kopje gesneden amandelen, geroosterd
- 1/4 kopje gedroogde veenbessen
- 2 eetlepels appelazijn
- 1 eetlepel honing
- 3 eetlepels extra vergine olijfolie
- Zout en peper naar smaak

INSTRUCTIES:
a) Meng in een kleine kom appelciderazijn, honing en olijfolie om de dressing te maken.
b) Meng in een grote kom de bladeren en bloemen van de Oost-Indische kers, de in blokjes gesneden kipfilets, de gemengde groenten, de gesneden amandelen en de gedroogde veenbessen.
c) Besprenkel met dressing en schep voorzichtig om. Breng op smaak met zout en peper. Serveer onmiddellijk.

PAARDEBLOEM SALADES

46. Salade van paardenbloem en chorizo

INGREDIËNTEN:
- Een slakom met jonge paardenbloembladeren
- 2 sneetjes brood, in plakjes gesneden
- 4 eetlepels olijfolie
- 150 gram Chorizo, in dikke plakken gesneden
- 2 teentjes knoflook, gehakt
- 1 eetlepel Rode wijnazijn
- Zout en peper

INSTRUCTIES:
a) Pluk de paardenbloemblaadjes, spoel ze af en droog ze in een schone theedoek. Stapel in een serveerschaal.
b) Snijd de korstjes van het brood en snijd het in blokjes. Verhit de helft van de olijfolie in een koekenpan.
c) Bak de croutons op matig vuur, onder regelmatig keren, tot ze redelijk gelijkmatig bruin zijn.
d) Laat uitlekken op keukenpapier. Veeg de pan schoon en voeg de resterende olie toe. Bak de chorizo of spekjes op hoog vuur tot ze bruin zijn.
e) Voeg de knoflook toe en bak nog een paar seconden, haal dan van het vuur. Haal de chorizo eruit met een schuimspaan en strooi deze over de salade.
f) Laat de pan een minuut afkoelen, roer de azijn erdoor en giet alles over de salade.
g) Strooi de croutons erover, breng op smaak met peper en zout, roer om en serveer.

47. Paardebloemsalade met dressing van açaí-bessen

INGREDIËNTEN:
AÇAÍ-BERRY DRESSING
- Een pakje ongezoete Açaí van 100 gram, op kamertemperatuur
- ¼ kopje kokosolie
- ¼ kopje appelazijn
- 2 Eetlepels honing
- 1 Eetlepel chiazaad
- 1 theelepel zeezout

SALADE
- 2 kopjes dun gesneden boerenkool
- 2 kopjes dun gesneden Chinese kool
- 1 kop dun gesneden paardenbloemgroen
- 1 kop dun gesneden rode kool
- ½ kopje dun gesneden basilicum
- ½ kopje geraspte bieten
- ½ kopje geraspte wortelen
- ½ kopje geroosterde pompoenpitten
- Zonnebloemspruiten

INSTRUCTIES:
a) Om de Açaí-bessendressing te maken: Meng alle ingrediënten in een keukenmachine of blender tot een gladde massa.
b) Doe de boerenkool in een grote kom. Druppel een paar eetlepels op de boerenkool en masseer tot hij bedekt is. Voeg alle overige groenten toe aan de kom en besprenkel met extra dressing naar keuze.
c) Strooi er pompoenpitten en spruitjes over en meng om te combineren. Geniet van de voeding!

48. Salade van paardenbloem en chorizo

INGREDIËNTEN:
- Een slakom met jonge paardenbloembladeren
- 2 sneetjes brood, in plakjes gesneden
- 4 eetlepels olijfolie
- 150 gram Chorizo, in dikke plakken gesneden
- 2 teentjes knoflook, gehakt
- 1 eetlepel Rode wijnazijn
- Zout en peper

INSTRUCTIES:
a) Pluk de paardenbloemblaadjes, spoel ze af en droog ze in een schone theedoek. Stapel in een serveerschaal.
b) Snijd de korstjes van het brood en snijd het in blokjes. Verhit de helft van de olijfolie in een koekenpan.
c) Bak de croutons op matig vuur, onder regelmatig keren, tot ze redelijk gelijkmatig bruin zijn.
d) Laat uitlekken op keukenpapier. Veeg de pan schoon en voeg de resterende olie toe. Bak de chorizo of spekjes op hoog vuur tot ze bruin zijn.
e) Voeg de knoflook toe en bak nog een paar seconden, haal dan van het vuur. Haal de chorizo eruit met een schuimspaan en strooi deze over de salade.
f) Laat de pan een minuut afkoelen, roer de azijn erdoor en giet alles over de salade.
g) Strooi de croutons erover, breng op smaak met peper en zout, roer om en serveer.

49. Molsla

INGREDIËNTEN:
- 4 kopjes verse paardenbloemgroenten
- 1 kop kerstomaatjes, gehalveerd
- 1/2 kop fetakaas, verkruimeld
- 1/4 kop balsamicovinaigrette
- Zout en peper naar smaak

INSTRUCTIES:
a) Was en droog paardenbloemgroen.
b) Gooi paardenbloemgroen, kerstomaatjes en fetakaas door elkaar.
c) Besprenkel met balsamicovinaigrette. Breng op smaak met zout en peper.

50. Salade van geroosterde pattypan-pompoenen

INGREDIËNTEN:
PESTO
- 1 ons paardenbloemgroen, bijgesneden en in hapklare stukjes gescheurd
- 3 eetlepels geroosterde zonnebloempitten
- 3 eetlepels water
- 1 eetlepel ahornsiroop
- 1 eetlepel ciderazijn
- 1 teentje knoflook, fijngehakt
- ¼ theelepel keukenzout
- ⅛ theelepel rode pepervlokken
- ¼ kopje extra vergine olijfolie

SALADE
- 2 eetlepels extra vergine olijfolie
- 2 theelepels ahornsiroop
- ½ theelepel keukenzout
- ⅛ theelepel peper
- 1½ pond baby-patisson, horizontaal gehalveerd
- 4 korenaren, korrels van de kolf gesneden
- 1 pond rijpe tomaten, zonder klokhuis, in partjes van ½ inch dik gesneden en partjes kruislings gehalveerd
- 1 ounce paardenbloemgroen, bijgesneden en in hapklare stukjes gescheurd (1 kopje)
- 2 eetlepels geroosterde zonnebloempitten

INSTRUCTIES:
VOOR DE PESTO:
a) Zet het ovenrek in de laagste positie, plaats de bakplaat met rand op het rooster en verwarm de oven tot 500 graden.
b) Verwerk paardenbloemgroen, zonnebloempitten, water, ahornsiroop, azijn, knoflook, zout en pepervlokken in een keukenmachine tot ze fijngemalen zijn, ongeveer 1 minuut, en schraap indien nodig langs de zijkanten van de kom.
c) Terwijl de processor draait, druppelt u langzaam de olie erin tot deze is opgenomen.

VOOR DE SALADE:
d) Klop de olie, ahornsiroop, zout en peper samen in een grote kom. Voeg pompoen en maïs toe en gooi om te coaten. Werk snel en verdeel de groenten in een enkele laag op een hete plaat, met de pompoen met de snijzijde naar beneden.
e) Rooster tot de gesneden kant van de pompoen bruin en zacht is, 15 tot 18 minuten. Zet de pan op een rooster en laat ongeveer 15 minuten iets afkoelen.
f) Combineer geroosterde pompoen en maïs, de helft van de pesto, tomaten en paardenbloemgroen in een grote kom en meng voorzichtig om te combineren.
g) Besprenkel met de resterende pesto en bestrooi met zonnebloempitten. Dienen.

51. Saladepot met tomaat, pompoen en paardenbloem

INGREDIËNTEN:
- 1/2 kop gekookte, in blokjes gesneden pompoen
- 1/2 kop tomaten
- 1/2 kop gesneden komkommer
- 1/2 kop Paardebloembladeren

DRESSING:
- 1 eetl. olijfolie en 1 eetl. van Chlorella
- 1 eetl. vers citroensap en snufje zeezout

INSTRUCTIES:
a) Doe de ingrediënten in deze volgorde: dressing, tomaten, komkommers, pompoen- en paardenbloembladeren.

52. Kikkererwten, tomaat en paprikasalade in een pot

INGREDIËNTEN:
- 3/4 kopje kikkererwten
- 1/2 kopje tomaten en 1/2 kopje paardenbloembladeren
- 1/2 kop gesneden komkommer
- 1/2 kopje gele peper

DRESSING:
- 1 eetl. olijfolie en 2 eetl. Griekse yoghurt
- 1 eetl. vers citroensap en snufje zeezout

INSTRUCTIES:
a) Doe de ingrediënten in deze volgorde: dressing, komkommer, tomaat, kikkererwten, paprika en paardenbloemblaadjes.

53. bietengranen, wortelen, bieten en kerstomaatjes

INGREDIËNTEN:
- 1 kopje verpakte bietengranen
- 1/2 kop gesneden wortelen
- 1 kop kerstomaatjes
- 1 kopje gesneden biet
- 1/2 kop Paardebloembladeren

DRESSING:
- 1 eetl. olijfolie of avocado-olie
- 1 eetl. vers citroensap
- snufje zwarte peper
- snufje zeezout en een fijngehakt teentje knoflook (optioneel)

INSTRUCTIES:
a) Meng alle ingrediënten.

54. Tomaat, kip, komkommers, paardenbloemsalade in een pot

INGREDIËNTEN:
- 1/2 kop gegrilde kip
- 1/2 kop tomaten
- 1/2 kopje gesneden komkommers
- 1/2 kop Paardebloembladeren

DRESSING:
- 1 eetl. olijfolie en 2 eetl. Griekse yoghurt
- 1 eetl. vers citroensap en snufje zeezout

INSTRUCTIES:
a) Doe de ingrediënten in deze volgorde: dressing, kip, tomaat, komkommer en paardenbloem.

55. Couscous-, kip- en paardenbloemsalade

INGREDIËNTEN:
VOOR SALADE
- 4 kipfilets zonder bot, zonder vel
- Zak boerenkool van 7 oz
- ½ pond gescheurde paardebloemgroenten
- paar dunne plakjes rode ui
- 1/2 zoete rode paprika, in reepjes gesneden
- 1 1/2 kopjes druiventomaten in tweeën gesneden
- 1 wortel, in linten gesneden
- 1 Bloedsinaasappel, gehalveerd en licht gegrild

VOOR DE MARINADE:
- 2 eetlepels vers geperst citroensap
- 1 theelepel gedroogde oregano
- 1 theelepel knoflook, geperst
- koosjer zout naar smaak
- versgemalen zwarte peper naar smaak

VOOR DE WITTE BALSAMIC VINAIGRETTE:
- 1/4 kopje basilicumblaadjes
- 3 eetlepels witte balsamicoazijn
- 2 eetlepels gehakte sjalotjes
- 1 eetlepel water
- 2 eetlepels extra vergine olijfolie
- snufje zout en versgemalen zwarte peper

INSTRUCTIES:
a) Combineer de ingrediënten voor de marinade - citroensap, oregano, knoflookpuree, zout en zwarte peper en giet het over de kip en laat het marineren.
b) Doe alle ingrediënten voor de vinaigrette in een blender en mix tot een gladde massa. Opzij zetten.
c) Grill de kip tot hij aan beide kanten mooi bruin is.
d) Leg de groenten op elkaar en bedek met de kip en besprenkel met balsamicodressing.

56. Pastasalade met paardenbloem

INGREDIËNTEN:
- 3 kopjes gekookte pasta
- 2 eetlepels azijn
- 1½ kopje in blokjes gesneden tomaten, uitgelekt
- 1 eetlepel olijfolie
- 1 kopje paardenbloemgroen, voorgekookt
- 8 olijven, in plakjes gesneden
- 2 wilde prei, fijngehakt, groen en allor 2 eetlepels gehakte uien
- ½ theelepel zout

INSTRUCTIES:
a) Combineer en geniet!

57. Verwelkte paardenbloemgroenten met spek

INGREDIËNTEN:
- 1 eetlepel heel mosterdzaad
- 2 theelepels geklaarde boter of ghee
- 4 ons spek uit de weide, gehakt
- 1 kleine sjalot, gehakt
- 1 pond jonge paardenbloemgroenten
- 2 theelepels rode wijnazijn

INSTRUCTIES:
a) Zet een gietijzeren of roestvrijstalen koekenpan op hoog vuur. Voeg de hele mosterdzaadjes toe aan de koekenpan en rooster ze zachtjes tot ze hun geur vrijgeven, ongeveer twee minuten. Doe de geroosterde mosterdzaadjes in een kom of schaal om af te koelen.

b) Zet het vuur laag. Voeg een theelepel geklaarde boter of ghee toe aan de koekenpan en laat het smelten totdat het begint te schuimen. Voeg het gehakte spek toe aan de koekenpan en bak het tot het knapperig wordt en het vet is gesmolten. Doe het krokante spek in de schaal met de geroosterde mosterdzaadjes.

c) Voeg in dezelfde koekenpan met het resterende spekvet de gehakte sjalot toe. Fruit de sjalot tot hij geurig en zacht wordt, ongeveer drie minuten.

d) Roer het paardebloemgroen door de koekenpan met het zachte sjalotje en spekvet. Zet het vuur onmiddellijk uit, want de groenten zullen verwelken door de restwarmte van de koekenpan.

e) Giet de rode wijnazijn over het verwelkte paardebloemgroen en blijf roeren tot het groen naar wens verwelkt is.

f) Breng de verwelkte paardebloemgroenten over naar een serveerschaal. Strooi het geroosterde mosterdzaad en het knapperige spek erover.

g) Serveer het verwelkte paardebloemgroen meteen als heerlijk bijgerecht of als lichte maaltijd.

SLEUTELBLOEMSALADES

58.Zomerse salade met tofu en sleutelbloem

INGREDIËNTEN:
VOOR DE ZOMERSE SALADE:
- 2 kroppen botersla
- 1 pond lamssla
- 2 gouden kiwi's gebruiken groen als goud niet beschikbaar is
- 1 handje teunisbloem
- 1 handvol walnoten
- 2 theelepel zonnebloempitten optioneel
- 1 citroen

VOOR DE TOFU-FETA:
- 1 blok tofu, ik heb extra stevig gebruikt
- 2 eetlepels appelazijn
- 2 eetlepels vers citroensap
- 2 eetlepels knoflookpoeder
- 2 eetlepels uienpoeder
- 1 theelepel dille, vers of gedroogd
- 1 snufje zout

INSTRUCTIES:
a) Snijd de extra stevige tofu in een kom in blokjes, voeg alle overige ingrediënten toe en prak met een vork fijn.
b) Doe het in een afgesloten bakje en bewaar het een paar uur in de koelkast.
c) Om te serveren leg je de grotere blaadjes op de bodem van je grote kom: de botersla en de veldsla erop.
d) Snijd de kiwi's in plakjes en leg ze op de slablaadjes.
e) Strooi wat walnoten en zonnebloempitten in de kom.
f) Pluk en zorgvuldig uw eetbare bloemen. Plaats ze voorzichtig rond uw salade.
g) Haal de tofu-feta uit de koelkast, nu zou je hem in stukken moeten kunnen snijden/verkruimelen. Leg er een paar grote stukken omheen.
h) Pers een halve citroen uit en breng de andere helft op tafel om er wat aan toe te voegen.

59.Sleutelbloem- en citrussalade

INGREDIËNTEN:
- 2 kopjes sleutelbloembloemen, gewassen en gedroogd
- 2 sinaasappels, in partjes
- 1 grapefruit, gesegmenteerd
- 4 kopjes gemengde groenten
- 1/4 kopje gesneden amandelen, geroosterd
- 1/4 kop verkruimelde fetakaas
- 2 eetlepels citroensap
- 1 eetlepel honing
- 3 eetlepels extra vergine olijfolie
- Zout en peper naar smaak

INSTRUCTIES:

a) Meng in een kleine kom het citroensap, de honing en de olijfolie tot de dressing.

b) Meng in een grote kom sleutelbloembloemen, sinaasappelpartjes, grapefruitpartjes, gemengde groenten, gesneden amandelen en verkruimelde fetakaas.

c) Besprenkel met dressing en schep voorzichtig om. Breng op smaak met zout en peper. Serveer onmiddellijk.

60.Sleutelbloem-aardbeiensalade

INGREDIËNTEN:
- 2 kopjes sleutelbloembloemen, gewassen en gedroogd
- 2 kopjes verse aardbeien, in plakjes gesneden
- 4 kopjes babyspinazie
- 1/4 kopje gesneden rode ui
- 1/4 kopje verkruimelde geitenkaas
- 1/4 kop gehakte walnoten, geroosterd
- 2 eetlepels balsamicoazijn
- 1 eetlepel honing
- 3 eetlepels extra vergine olijfolie
- Zout en peper naar smaak

INSTRUCTIES:
a) Klop in een kleine kom balsamicoazijn, honing en olijfolie samen om de dressing te maken.
b) Meng in een grote kom sleutelbloembloemen, gesneden aardbeien, babyspinazie, gesneden rode ui, verkruimelde geitenkaas en gehakte walnoten.
c) Besprenkel met dressing en schep voorzichtig om. Breng op smaak met zout en peper. Serveer onmiddellijk.

61. Sleutelbloem-quinoasalade

INGREDIËNTEN:
- 2 kopjes sleutelbloembloemen, gewassen en gedroogd
- 2 kopjes gekookte quinoa, gekoeld
- 1/2 kopje in blokjes gesneden komkommer
- 1/2 kopje in blokjes gesneden rode paprika
- 1/4 kop gehakte verse peterselie
- 1/4 kopje verkruimelde fetakaas
- 2 eetlepels citroensap
- 1 eetlepel honing
- 3 eetlepels extra vergine olijfolie
- Zout en peper naar smaak

INSTRUCTIES:
a) Meng in een kleine kom het citroensap, de honing en de olijfolie tot de dressing.
b) Meng in een grote kom de sleutelbloembloemen, gekookte quinoa, in blokjes gesneden komkommer, in blokjes gesneden rode paprika, gehakte peterselie en verkruimelde fetakaas.
c) Besprenkel met dressing en schep voorzichtig om. Breng op smaak met zout en peper. Serveer gekoeld of op kamertemperatuur.

62.Sleutelbloem- en kipsalade

INGREDIËNTEN:
- 2 kopjes sleutelbloembloemen, gewassen en gedroogd
- 2 kipfilets zonder bot, zonder vel, gekookt en in blokjes gesneden
- 4 kopjes gemengde groenten
- 1/4 kop gedroogde veenbessen
- 1/4 kopje gesneden amandelen, geroosterd
- 1/4 kopje verkruimelde blauwe kaas
- 2 eetlepels appelazijn
- 1 eetlepel honing
- 3 eetlepels extra vergine olijfolie
- Zout en peper naar smaak

INSTRUCTIES:

a) Meng in een kleine kom appelciderazijn, honing en olijfolie om de dressing te maken.

b) Meng in een grote kom sleutelbloembloemen, in blokjes gesneden kipfilets, gemengde groenten, gedroogde veenbessen, gesneden amandelen en verkruimelde blauwe kaas.

c) Besprenkel met dressing en schep voorzichtig om. Breng op smaak met zout en peper. Serveer onmiddellijk.

BORAGE SALADES

63. Bernagie En Komkommers In Zure Room

INGREDIËNTEN:
- 3 Lange komkommers
- Zout
- ½ pint Zure room
- 2 eetlepels Rijstazijn
- ½ theelepel Selderijzaad
- ¼ kopje Gehakte lente-uitjes
- 1 theelepel suiker
- Zout en peper
- ¼ kopje Jonge boragebladeren, fijngehakt

INSTRUCTIES:
a) Komkommer wassen, kern verwijderen en in dunne plakjes snijden.
b) Zout lichtjes en laat 30 minuten in een vergiet staan om uit te lekken. Spoel af en dep droog.
c) Meng de resterende ingrediënten en breng op smaak met zout en peper.
d) Komkommers toevoegen en lichtjes roeren.
e) Garneer met bernagiebloemen of bieslookbloesems.

64. Borage en Aardbeiensalade

INGREDIËNTEN:
- Verse bernagiebladeren
- Verse aardbeien, in plakjes gesneden
- Bladeren van babyspinazie
- Geitenkaas, verkruimeld
- Geroosterde amandelen, gehakt
- Balsamico glazuur

INSTRUCTIES:
a) Was en droog de bladeren van de bernagie en de babyspinazie.
b) Meng in een slakom de bernagieblaadjes, babyspinazie, gesneden aardbeien, verkruimelde geitenkaas en gehakte geroosterde amandelen.
c) Besprenkel vlak voor het serveren met balsamicoglazuur en roer voorzichtig door elkaar.
d) Geniet van deze heerlijke mix van smaken en texturen!

65. Borage-avocadosalade

INGREDIËNTEN:
- Verse bernagiebladeren
- Rijpe avocado, in blokjes gesneden
- Gemengde groene salades
- Rode paprika, in dunne plakjes gesneden
- Rode ui, in dunne plakjes gesneden
- Citroenvinaigrettedressing
- Geroosterde pijnboompitten

INSTRUCTIES:
a) Was en droog de bernagiebladeren en gemengde slagroenten.
b) Meng in een grote slakom de bernagieblaadjes, gemengde groenten, in blokjes gesneden avocado, gesneden rode paprika en gesneden rode ui.
c) Besprenkel met de citroenvinaigrettedressing en roer voorzichtig door.
d) Bestrooi vlak voor het serveren met geroosterde pijnboompitten voor extra knapperigheid en smaak.

66. Borage- en citrussalade

INGREDIËNTEN:
- Verse bernagiebladeren
- Oranje segmenten
- Grapefruitsegmenten
- Bladeren van babykool
- Granaatappelpitjes
- Geroosterde walnoten, gehakt
- Citrusvinaigrettedressing

INSTRUCTIES:
a) Was en droog de bladeren van de borage en de boerenkoolbladeren.
b) Meng in een slakom de bernagieblaadjes, boerenkool, sinaasappelpartjes, grapefruitpartjes en granaatappelpitjes.
c) Besprenkel met de citrusvinaigrettedressing en roer voorzichtig door.
d) Bestrooi met gehakte geroosterde walnoten vlak voor het serveren voor extra textuur en notigheid.

67. Salade van couscous en bernagiekruiden

INGREDIËNTEN:
- 1 kop couscous, droog
- 1 kopje kokend water
- Knijp citroensap
- 1 eetlepel olijfolie of kokosolie
- 5 spinazieblaadjes, versnipperd (bij voorkeur het type 'Bright Lights')
- Handvol rucola, versnipperd
- 1 bosje lente-uitjes (of rode ui), fijngehakt
- Handvol bernagiebladeren, fijngesneden
- ¼ kopje geroosterde sesamzaadjes
- Snufje korianderpoeder
- Zout en peper naar smaak
- 2 eetlepels olijfolie
- Sap van 1 hele citroen (voeg wat geraspte schil toe voor extra punch)

INSTRUCTIES:

a) Voeg in een kom de droge couscous, kokend water, een scheutje citroensap en 1 eetlepel olijfolie of kokosolie toe. Dek de kom af met een bord en laat het ongeveer 15 minuten weken. Eenmaal geweekt, maak je de couscous los met een vork en laat je hem afkoelen.

b) Nadat de couscous is afgekoeld, voeg je de geraspte spinazieblaadjes, rucola, fijngehakte lente-uitjes (of rode ui), fijngesneden bernagieblaadjes, geroosterde sesamzaadjes, korianderpoeder, zout en peper toe.

c) Druppel 2 eetlepels olijfolie over de salade en pers het sap van 1 hele citroen uit. Voeg eventueel wat geraspte citroenschil toe voor extra smaak.

d) Meng alles goed door elkaar en laat de smaken ongeveer een uur intrekken.

e) Serveer de salade als basis voor kip- of visgerechten, of geniet ervan met toegevoegde avocado, artisjokken en feta voor een vegetarische optie.

f) Garneer met boragebloemen en gele oxalisbloemen, of eetbare bloemen naar keuze, voor een visueel aantrekkelijke presentatie.

g) Deze lichte maar hartige salade kan een paar dagen in de koelkast worden bewaard, waardoor het een handig en veelzijdig gerecht is.

68.Pasta Met Ricotta, Borage En Sperziebonen

INGREDIËNTEN:
- 1 pond/500 g. bernagie
- 8 oz./250 g. ricotta
- 7 oz./200 g. korte pasta, zoals penne
- 7 oz/200 g. groene bonen
- 3⅓ eetl./50 g. melk
- 3 ⅓ eetl. 50 gr. amandelen met schilferige schil
- 4 frambozen
- Tijm
- Bernagie bloemen
- Extra vergine olijfolie
- Zout
- Peper

INSTRUCTIES:
a) Was de borage grondig en scheid de stengels van de bladeren. Breng een pot water aan de kook en voeg zout toe. Kook de bernagiebladeren 5 minuten in het kokende water. Giet vervolgens af en zet opzij.
b) Snijd de bernagiestelen in stukken die even groot zijn als de pasta.
c) Was de sperziebonen, snijd de uiteinden af en snijd ze in stukjes van 2 cm. Kook de sperziebonen gedurende 5 minuten in hetzelfde water dat voor de bernagiebladeren wordt gebruikt. Giet ze af en laat ze afkoelen.
d) Meng de ricotta in een blender met de gekookte bernagieblaadjes, 2 eetlepels gehakte tijm, melk en een snufje zout. Meng tot een gladde massa om de ricottacrème te maken.
e) Breng nog een pan water aan de kook, voeg zout toe en kook de pasta samen met de bernagiestengels beetgaar. Giet de pasta af.
f) Meng in een grote mengkom de uitgelekte pasta met de gekookte sperziebonen. Breng op smaak met olijfolie, zout en peper.
g) Verdeel de ricottacrème over serveerschalen. Voeg het pasta- en sperziebonenmengsel erbovenop toe.
h) Garneer het gerecht met gehakte frambozen, amandelen en bernagiebloemen.
i) Serveer en geniet van dit heerlijke pastagerecht waarbij de smaken van ricotta, bernagie en sperziebonen prachtig samenkomen.

CHRYSANTEN SALADES

69.Rode kool met chrysant s

INGREDIËNTEN:
- 1 Rode kool, zonder klokhuis en dun
- ¼ kopje boter
- 1 Ui, in ringen gesneden
- 2 grote appels, geschild, klokhuis verwijderd, in dunne plakjes gesneden
- 2 eetlepels Gele chrysantbloemblaadjes
- 2 eetlepels bruine suiker
- Koud water
- 4 eetlepels Rode wijnazijn
- Zeezout
- Peper
- Boter
- Verse chrysantenbloemblaadjes

INSTRUCTIES:
a) Blancheer de rode kool 1 minuut in kokend water.
b) Giet af, ververs en zet opzij. Verhit de boter in een koekenpan, doe de uienringen erin en laat 4 minuten sudderen tot ze zacht zijn.
c) Roer de appelschijfjes erdoor en kook nog 1 minuut.
d) Doe de kool in een diepe, vuurvaste braadpan met een goed sluitend deksel.
e) Meng de bloemblaadjes van de ui, de appels en de chrysanten erdoor en draai alle ingrediënten zodat ze goed bedekt zijn met de boter.
f) Strooi de suiker erover en giet het water en de azijn erbij. Licht op smaak brengen.
g) Kook op laag vuur, of in de oven op 325F/170F/gasovenstand 3 gedurende 1½ - 2 uur, tot de kool zacht is.
h) Voeg vlak voor het serveren een flinke klont boter en wat verse chrysantenblaadjes toe.

70. Salade van chrysanten en mandarijnen

INGREDIËNTEN:
- 2 kopjes chrysantbloemblaadjes, gewassen en gedroogd
- 2 mandarijnen, geschild en in partjes
- 1/4 kopje gesneden amandelen, geroosterd
- 1/4 kopje verkruimelde fetakaas
- 2 eetlepels balsamicoazijn
- 1 eetlepel honing
- Zout en peper naar smaak

INSTRUCTIES:
a) Meng in een grote kom de bloemblaadjes van de chrysant, de partjes mandarijn, de geroosterde gesneden amandelen en de verkruimelde fetakaas.
b) Klop in een kleine kom de balsamicoazijn, honing, zout en peper samen om de dressing te maken.
c) Druppel de dressing over de salade en roer voorzichtig door.
d) Serveer onmiddellijk als een verfrissende en kleurrijke salade.

71. Salade van chrysanten en quinoa

INGREDIËNTEN:
- 2 kopjes chrysantbloemblaadjes, gewassen en gedroogd
- 1 kop gekookte quinoa, gekoeld
- 1/2 komkommer, in blokjes gesneden
- 1/2 rode paprika, in blokjes gesneden
- 1/4 kopje verkruimelde geitenkaas
- 2 eetlepels gehakte verse munt
- Sap van 1 citroen
- 2 eetlepels olijfolie
- Zout en peper naar smaak

INSTRUCTIES:
a) Meng in een grote kom de bloemblaadjes van de chrysant, de gekookte quinoa, de in blokjes gesneden komkommer, de in blokjes gesneden rode paprika, de verkruimelde geitenkaas en de gehakte verse munt.
b) Meng in een kleine kom het citroensap, de olijfolie, het zout en de peper tot de dressing.
c) Druppel de dressing over de salade en roer voorzichtig door elkaar.
d) Serveer gekoeld of op kamertemperatuur als een voedzame en smaakvolle saladeoptie.

72.Chrysanthemum en kipsalade

INGREDIËNTEN:
- 2 kopjes chrysantbloemblaadjes, gewassen en gedroogd
- 1 kopje gekookte kipfilet, versnipperd
- 1/2 kop kerstomaatjes, gehalveerd
- 1/4 kopje gesneden rode ui
- 1/4 kopje verkruimelde blauwe kaas
- 2 eetlepels gehakte verse peterselie
- 2 eetlepels balsamicoglazuur
- Zout en peper naar smaak

INSTRUCTIES:
a) Meng in een grote kom de bloemblaadjes van de chrysant, de geraspte kipfilet, de gehalveerde kerstomaatjes, de gesneden rode ui, de verkruimelde blauwe kaas en de gehakte verse peterselie.
b) Sprenkel het balsamicoglazuur over de salade en roer het voorzichtig door.
c) Breng op smaak met zout en peper.
d) Serveer onmiddellijk als een eiwitrijke saladeoptie.

ALTVIOLEN EN VIOOLTJESSALADES

73.Salade van aspergeviooltjes

INGREDIËNTEN:
ASPERGE SALADE
- 1 bos asperges
- 5 radijsjes, in dunne plakjes gesneden
- 3 groene uien, alleen gesneden groene toppen
- citroenschil van één citroen

CITROENVINAIGRETTE
- ¼ kopje citroensap
- 2 eetlepels lichte olijfolie
- 2 theelepels suiker
- zout en peper naar smaak

GARNIEREN
- Schijfjes citroen
- Biologische gele viooltjes

INSTRUCTIES:
a) Begin met het koken van water om de asperges te stomen.
b) Zet een kom met ijswater klaar om de asperges te laten schrikken zodra ze gaar zijn.
c) Stoom de asperges gedurende 5 minuten, of tot ze gaar maar nog knapperig zijn.
d) Laat de asperges schrikken in ijswater en snijd de asperges in stukken van 2 inch.

CITROENVINAIGRETTE
e) Meng het citroensap en de suiker en laat staan tot de suiker is opgelost.
f) Voeg de olie toe en breng op smaak met peper en zout.

ASPERGE SALADE
g) Als je tijd hebt, marineer de asperges dan 30 minuten in de dressing.
h) Voeg de radijsjes en lente-uitjes toe en meng.
i) Garneer met schijfjes citroen en verse viooltjes en serveer onmiddellijk.

74. Viooltje Rucola Salade

INGREDIËNTEN:
- 6 kopjes babyrucola
- 1 appel, heel dun gesneden
- 1 wortel
- ¼ rode ui, zeer dun gesneden
- een handvol diverse verse kruiden zoals basilicum, oregano, tijm, alleen de blaadjes
- 2 ons romige geitenkaas, gebruik gemalen pistachenoten voor veganisten
- Viooltjes, steel verwijderd

VINAIGRETTE
- ¼ kopje bloedsinaasappel
- 3 eetlepels olijfolie
- 3 eetlepels champagneazijn
- snufje zout

INSTRUCTIES:
a) Klop de vinaigrette door elkaar en pas de ingrediënten naar eigen smaak aan.
b) Stapel de greens in een brede slakom.
c) Schil en schaaf de wortel in dunne reepjes met een dunschiller.
d) Voeg toe aan de greens samen met de appelschijfjes, ui en kruiden.
e) Meng met de dressing en garneer de salade met stukjes geitenkaas en viooltjes.
f) Serveer onmiddellijk.

75.Altviool en gemengde groentesalade

INGREDIËNTEN:
- 4 kopjes gemengde saladegroenten (zoals spinazie, rucola en sla)
- 1/2 kopje altvioolbloemen, afgespoeld en drooggedept
- 1/4 kop kerstomaatjes, gehalveerd
- 1/4 kopje komkommer, in plakjes gesneden
- 1/4 kop rode ui, in dunne plakjes gesneden
- 1/4 kopje verkruimelde fetakaas
- 2 eetlepels geroosterde pijnboompitten of pecannoten
- Balsamicovinaigrettedressing

INSTRUCTIES:
a) Meng in een grote slakom de gemengde groenten, altvioolbloemen, kerstomaatjes, plakjes komkommer, plakjes rode ui, verkruimelde fetakaas en geroosterde pijnboompitten.
b) Besprenkel met balsamicovinaigrettedressing en roer voorzichtig door.
c) Serveer onmiddellijk als een levendige en verfrissende salade.

76.Altviool- en citrussalade

INGREDIËNTEN:
- 3 kopjes babyspinazieblaadjes
- 1/2 kopje altvioolbloemen, afgespoeld en drooggedept
- 1/4 kop oranje segmenten
- 1/4 kop grapefruitsegmenten
- 2 eetlepels gesneden amandelen, geroosterd
- 2 eetlepels honing
- Sap van 1 citroen
- Schil van 1 citroen

INSTRUCTIES:
a) Schik de babyspinazieblaadjes op een serveerschaal.
b) Verdeel de altvioolbloemen, sinaasappelpartjes en grapefruitpartjes over de spinazieblaadjes.
c) Bestrooi met geroosterde gesneden amandelen.
d) Meng in een kleine kom de honing, het citroensap en de citroenschil tot de dressing.
e) Druppel vlak voor het serveren de dressing over de salade.
f) Meng voorzichtig om te combineren en geniet van de heldere en citrusachtige smaken.

77.Salade met altviool en geitenkaas

INGREDIËNTEN:
- 4 kopjes gemengde saladegroenten
- 1/2 kopje altvioolbloemen, afgespoeld en drooggedept
- 1/4 kopje verkruimelde geitenkaas
- 1/4 kop geroosterde walnoten, gehakt
- 1/4 kop verse frambozen
- 2 eetlepels frambozenazijn
- 2 eetlepels extra vergine olijfolie
- 1 theelepel Dijon-mosterd
- Zout en peper naar smaak

INSTRUCTIES:
a) Doe de gemengde slagroenten in een grote slakom.
b) Strooi de altvioolbloemen, verkruimelde geitenkaas, geroosterde walnoten en verse frambozen over de greens.
c) Meng in een kleine pot met een goed sluitend deksel de frambozenazijn, olijfolie, Dijon-mosterd, zout en peper. Schud krachtig om de dressing te emulgeren.
d) Druppel vlak voor het serveren de frambozenvinaigrette over de salade.
e) Meng voorzichtig zodat de ingrediënten voor de salade bedekt zijn met de dressing.
f) Serveer onmiddellijk en geniet van de heerlijke combinatie van smaken.

78.Groene Salade Met Eetbare Bloemen

INGREDIËNTEN:
- 1 theelepel rode wijnazijn
- 1 theelepel Dijon-mosterd
- 3 eetlepels extra vergine olijfolie
- Grof zout en versgemalen peper
- 5 ½ ons zachte babysaladegroenten
- 1 pakje onbespoten altviolen of andere eetbare bloemen

INSTRUCTIES:
a) Combineer azijn en mosterd in een kom.
b) Voeg geleidelijk de olie toe en breng de dressing op smaak met zout en peper.
c) Meng de dressing met groen en bedek met bloemen. Serveer onmiddellijk.

SALADES

79. Pompoen-, Microgroenten- en quinoasalade

INGREDIËNTEN:
VEGAN SESAM KNOFLOOK DRESSING
- 1 Eetlepels Tahinipasta
- 2 eetlepels olijfolie
- 2 teentjes knoflook
- 2 Eetlepels Oregano
- 2 eetlepels koriander
- ½ Jalapeno (optioneel)
- 3 eetlepels appelazijn
- Zout en peper naar smaak

GEROOSTERDE POMPOENSALADE
- 1 eikelpompoen (in hapklare stukjes gesneden)
- 1 Eetlepels Olijfolie
- 1 Eetlepels rode chilivlokken
- Zout
- ½ kopje Microgroenten
- ¼ kopje Quinoa, gekookt
- Zout

INSTRUCTIES:
a) Verwarm de oven voor op 425 graden F.
b) Sprenkel olijfolie over de pompoen en meng goed. Leg de pompoen vervolgens in een enkele laag op een bakplaat en breng op smaak met zout en chili.
c) Rooster de pompoen gedurende 25 minuten.
d) Om de dressing te bereiden, meng je alle ingrediënten in een keukenmachine en pulseer tot een gladde massa.
e) Doe de pompoen in een slakom zodra deze zacht is. Meng de helft van de dressing door de quinoa. Voeg vlak voor het serveren de Microgroenten toe en sprenkel de resterende dressing erover.

INGREDIËNTEN:
SALADE:
- 1 kopje Microgroenten naar keuze
- 1 bloedsinaasappel in kleine stukjes gesneden
- 1/2 avocado in blokjes
- 1/2 kopje julienned daikon-radijs
- 1/4 kopje walnootstukjes

DRESSING:
- 1 Eetlepels. koudgeperste olijfolie
- 1 Eetlepels. citroensap
- 1 teentje gehakte knoflook
- Een scheutje zout en peper

INSTRUCTIES:
a) Combineer alle salade-ingrediënten in een grote mengkom.
b) Meng de ingrediënten voor de dressing in een gesloten bakje en schud goed. Gooi en serveer!

80.Lente Microgroentensalade

INGREDIËNTEN:
- 1 (5 oz.) pakket botersla
- 1 pakje rucola
- 1 (5 oz.) pakket Microgroenten
- 1 dun gesneden watermeloenradijs
- 1 in dunne plakjes gesneden paarse radijs
- 1 in dunne plakjes gesneden groene radijs
- 3 regenboogwortelen, in linten geschoren
- 1/2 kop dun gesneden erwten
- 1/4 kopje rode kool, versnipperd
- 2 sjalotten, in ringen gesneden
- 2 bloedsinaasappelen, gesegmenteerd
- 1/2 kop bloedsinaasappelsap
- 1/2 kopje extra vergine olijfolie
- 1 eetlepel rode wijnazijn
- 1 eetlepel gedroogde oregano
- 1 eetlepel honing
- Zout en peper naar smaak
- voor garnering Eetbare bloemen

INSTRUCTIES:
a) Meng de olijfolie, rode wijnazijn en oregano in een bakje. Voeg de sjalotjes toe en laat minimaal 2 uur marineren op het aanrecht.
b) Zet de sjalotjes opzij.
c) Klop in een pot het sinaasappelsap, de olijfolie, de honing en een vleugje zout en peper tot een dik en glad mengsel. Breng op smaak met zout en peper.
d) Gooi de Microgroenten, sla en rucola met ongeveer 1/4 kopje vinaigrette in een zeer grote mengkom.
e) Meng de helft van de radijsjes, wortelen, erwten, sjalotten en sinaasappelpartjes door elkaar.
f) Monteer alles in een kleurrijk patroon.
g) Voeg extra vinaigrette en eetbare bloemen toe om het geheel af te maken.

81.Regenboogsalade

INGREDIËNTEN:
DRESSING:
- 1/2 kopje bloedsinaasappelsap
- 1/4 kopje ahornsiroop
- 2 theelepels citroensap

SALADE:
- 1 kleine radicchio, in hapklare stukjes gescheurd
- 1/2 kop dun gesneden paarse kool
- 1/4 kleine rode ui, fijngehakt
- 3 radijsjes, in dunne reepjes gesneden
- 1/2 kop vers gesneden koolMicrogroenten
- 1 T olijfolie
- zout en peper naar smaak
- 1 bloedsinaasappel, geschild en witte velletjes verwijderd; gesegmenteerd
- 1/3 kopje ricottakaas
- 1/4 kopje granaatappelpitjes
- 1/4 kopje pijnboompitten, geroosterd

INSTRUCTIES:
a) Voor de dressing: Meng alle ingrediënten in een kleine pan en breng aan de kook.
b) Laat 20-25 minuten inkoken, of tot je een dikke siroop van ongeveer 4 T krijgt. Laat afkoelen voordat je het serveert.
c) Voor de salade: Meng in een mengkom de radicchio, kool, ui, radijs en microgroenten.
d) Meng voorzichtig met de olijfolie, zout en peper. Strooi kleine lepels ricottakaas op een serveerschaal.
e) Druppel de bloedsinaasappelsiroop erover en strooi de pijnboompitten en granaatappelpitjes erover.

82. Bitterzoete Salade

INGREDIËNTEN:
- 1/2 kopje wilde rijst, gekookt
- 1/2 kopje bruine langkorrelige rijst
- 1/2 gehakte lente-ui
- 1/2 gehakte platte peterselie
- 1/2 gehakte koriander
- 1/4 gehakte hersenblaadjes
- 1/2 gehakte dille
- 1 kleine rode ui
- 2 eetlepels olijfolie
- 1/4 kopje geblancheerde amandelen
- 1/4 kop gouden rozijnen, een nacht geweekt
- zeezout, peper naar smaak

INSTRUCTIES:
a) Bak de ui goudbruin in olijfolie. Schep het in de rijstmengkom.
b) Rooster de amandelen en rozijnen in dezelfde pan en combineer ze met de rest van de ingrediënten in de rijstkom.
c) Voeg alle kruiden en rijst toe en breng op smaak met zeezout en peper en een scheutje citroen.

83.Salade van wilde rijst en microgroen

84. Salade van Microgroenten en peultjes

INGREDIËNTEN:
VINAIGRETTE
- 1 1/2 kopjes in blokjes gesneden aardbeien
- 2 eetl. witte balsamicoazijn
- 1 theelepel. pure ahornsiroop
- 2 theelepel. limoensap
- 3 eetl. olijfolie

SALADE
- 6 ons. microgroenten en/of groene salades
- 12 peultjes, in dunne plakjes gesneden
- 2 radijsjes, in dunne plakjes gesneden
- Gehalveerde aardbeien, eetbare bloemen en verse kruidentakjes, ter garnering

INSTRUCTIES:
a) Om de vinaigrette te maken, klopt u de aardbeien, azijn en ahornsiroop in een mengschaal. Zeef de vloeistof en voeg het limoensap en de olie toe.
b) Breng op smaak met zout en peper.
c) Om de salade te maken, combineer Microgroenten, peultjes, radijsjes, bewaarde aardbeien en 1/4 kopje vinaigrette in een grote mengkom.
d) Voeg gehalveerde aardbeien, eetbare bloemen en verse kruidentakjes toe als garnering.

85. Zonnebloemspruitensalade

INGREDIËNTEN:
SALADE
- 1 ½ C zonnebloemspruiten
- 1 C-rucola
- 2 wortels, geschoren of gehakt
- 3 radijsjes in dunne plakjes gesneden
- 1 kleine tot middelgrote komkommer, in plakjes gesneden

DRESSING
- 2 T vers citroensap
- ½ – 1 theelepel agave
- ½ theelepel Dijon-mosterd
- ¼ theelepel koosjer zout
- ¼ C olijfolie

INSTRUCTIES:
a) Combineer alle groenten.
b) Klop alle ingrediënten voor de dressing door elkaar.
c) Gooi het allemaal samen!

86. Cashewroombonenkom

INGREDIËNTEN:
- ½ kopje rauwe cashewnoten, een nacht geweekt
- 2 eetlepels hennepzaad
- 1 eetlepel edelgist
- ¼ kopje gewone amandelmelk
- 2 limoenen
- 1 kopje druiventomaten, in vieren
- ¼ kleine rode ui, fijngesneden
- 2 eetlepels verse koriander, gehakt
- 1 avocado
- 1 blik zwarte bonen, uitgelekt en afgespoeld
- ½ theelepel chilipoeder
- ½ theelepel komijn
- ½ theelepel gerookte paprikapoeder
- ½ theelepel cayennepeper
- ½ kopje erwtenscheuten of microgroenten
- zout en peper

INSTRUCTIES:

a) Meng in een keukenmachine de cashewnoten, hennepzaad, edelgist, amandelmelk, 1 limoensap en zout/peper (naar smaak). Laat het 3-4 minuten op de hoogste stand draaien, of tot er een crème ontstaat.

b) Meng in een mengschaal de in vieren gesneden kerstomaatjes, de in blokjes gesneden rode ui en de gehakte koriander. Breng op smaak met zout en peper.

c) Schep het avocadovlees in een kleine kom. Pureer met een vork het sap van de tweede limoen. Breng op smaak met een snufje cayennepeper en een snufje zout.

d) Verwarm de zwarte bonen, chilipoeder, komijn en paprika in een kleine pan op middelhoog vuur gedurende 4-5 minuten.

e) Leg de zwarte bonen in twee middelgrote serveerschalen en bedek met guacamole, erwtenscheuten en cashewroom.

87. Mango-, Broccoli- en Aardbeiensalade

INGREDIËNTEN:
- 1 verse mango, in vieren gesneden
- 4 aardbeien, in tweeën gesneden
- Kopje verse broccoli-Microgroenten
- 3 groene olijven

DRESSING
- 1 Eetlepels kersenwijn
- 1 theelepel citroenpekel
- Een scheutje selderijzout

INSTRUCTIES:
a) Leg de Microgroenten broccoli, aardbei, mango en olijven op een serveerschaal.
b) Meng de ingrediënten voor de dressing in een klein bakje en giet dit over de salade.
c) Combineer en serveer meteen.

88. Salade van radijs en spruiten

INGREDIËNTEN:
- 4 radijsjes, in dunne plakjes gesneden
- 2 kleine wortels, geschild en in dunne plakjes gesneden
- 1 kopje gepelde edamamebonen
- 3 kopjes kiemen, gewassen en gedroogd (radijs, alfalfa, zonnebloem of andere varianten)
- 1 Eetlepels verse korianderblaadjes
- 1 eetlepels verse peterselieblaadjes (optioneel)

DRESSING
- 1 1/2 theelepel komijnzaad, geroosterd en gemalen
- 1 klein teentje knoflook, geperst
- 1 Eetlepels appelciderazijn
- 2 Eetlepels extra vergine olijfolie
- Zout en versgemalen peper

INSTRUCTIES:
a) Meng de groenten, edamame, spruitjes en kruiden in een grote mengkom.
b) Rooster de komijnzaadjes in een verwarmde koekenpan gedurende 1-2 minuten, of tot ze geurig zijn, en maal ze vervolgens fijn in een vijzel en stamper of kruidenmolen.
c) Meng de knoflook, azijn en olie in een kleine kom. Breng op smaak met zout en peper.
d) Druppel de dressing over de salade en serveer.

89.Gemengde Microgroenten-salade

INGREDIËNTEN:
- 1 kopje gemengde Microgroenten
- Halve avocado, geschild en in blokjes
- 1 Eetlepels geraspte wortel
- 1 Eetlepels geroosterde pijnboompitten of amandelen
- 1/2 geschilde mandarijn of gewone sinaasappel

VINAIGRETTE
- 1 Eetlepels extra vergine olijfolie
- 1 Eetlepels vers sinaasappelsap
- 1 theelepel limoensap
- Halve theelepel mosterd
- Zout en peper naar smaak

INSTRUCTIES:

a) Meng de Microgroenten met de rest van de salade-ingrediënten in een kom.

b) Doe alle ingrediënten voor de vinaigrette in een grote mengkom en giet dit over de salade.

c) Meng alles voorzichtig met je handen.

d) Strooi er geroosterde pijnboompitten of amandelen over.

90. Watermeloen Met Microgroenten Salade

INGREDIËNTEN:
- Handvol microgroenten
- 1 rechthoekig schijfje watermeloen
- 2 Eetlepels gehakte amandelen
- 20 g fetakaas, verkruimeld
- 1 1/2 Eetlepels extra vergine olijfolie
- 1 Eetlepels balsamicoazijn
- Zout naar smaak

INSTRUCTIES:
a) Leg je watermeloen op een bord.
b) Verdeel de fetakaas en amandelen over de watermeloen.
c) Sprenkel er de extra vergine olijfolie en balsamicoazijn over.
d) Voeg de Microgroenten erbovenop toe.

91. Microgroene lentesalade

INGREDIËNTEN:
- 2 Eetlepels zout
- 1 handvol erwtenscheut Microgroenten
- 1/2 kopje tuinbonen, geblancheerd
- 4 wortels, in kleine blokjes gesneden, geblancheerd
- 1 handvol Pak Choi-Microgroenten
- 1 handvol Wasabi Mosterd Microgroenten
- 1 snufje amarantMicrogroenten
- 4 radijsjes, in dunne muntjes gesneden
- 1 kopje erwten, geblancheerd
- Zout en peper naar smaak

WORTEL-GEMBER DRESSING
- 1-inch gember, geschild en in munten gesneden
- 1/4 kopje rijstwijnazijn
- 1/2 kopje water
- 1 Eetlepels sojasaus
- 1 Eetlepels mayonaise
- Kosjer zout en zwarte peper naar smaak

INSTRUCTIES:
a) Meng in een mengkom de Microgroenten, radijsjes, wortels, erwten en tuinbonen. Licht op smaak brengen met peper en zout.
b) Doe de gember, 1/2 kop gereserveerde wortels, rijstwijnazijn en water in een blender en mix tot een gladde massa.
c) Klop de sojasaus en mayonaise erdoor nadat u het uit de blender heeft gehaald en in een kom hebt gedaan. Breng indien nodig op smaak met peper en zout.
d) Meng de salade met net genoeg dressing om de greens en groenten lichtjes te bedekken voordat je hem serveert.

92.Salade van Microgroenten en radijs

INGREDIËNTEN:
- 1 pakje microgroenten
- 6 radijsjes, gehalveerd of in plakjes gesneden
- 2 Eetlepels limoensap
- 1/8 theelepel droog mosterdpoeder
- 1/4 theelepel zout
- 4 Eetlepels olijfolie
- grof zeezout, naar smaak
- gemalen peper, naar smaak

INSTRUCTIES:
a) Gooi de Microgroenten en radijsjes samen in een serveerschaal en laat afkoelen tot ze klaar zijn om te serveren.
b) Combineer de overige ingrediënten in een mengkom, dek af en laat afkoelen tot ze klaar zijn om te serveren.
c) Meng vlak voor het serveren de salade lichtjes met de dressing en breng op smaak met zeezout en versgemalen peper.

93.Salade met bessen en rucola

INGREDIËNTEN:
- 3 1/2 kopjes micro-rucola
- 1 kopje bramen
- 2 eetlepels pijnboompitten
- 1 oor rode maïs, snijd de kolf eraf
- 1/2 bos witte asperges
- 2 eetlepels extra vergine olijfolie
- 1 eetlepel rode wijnazijn
- 1 teentje knoflook, geperst
- 2 eetlepels gehakte kappertjesbessen
- 1 1/2 eetlepel munt, fijngehakt
- zeezout
- zwarte peper

INSTRUCTIES:
a) Meng olijfolie, rode wijnazijn, munt, knoflook, gehakte kappertjes en een vleugje zout in een kleine mengschaal.
b) Bestrijk de asperges licht met olijfolie en schroei ze op middelhoog vuur in een grillpan.
c) Voeg naar smaak een beetje zout en peper toe. Snijd elk stuk in stukken van een halve inch.
d) Meng in een grote mengkom Microgroenten, maïs, asperges, bramen en pijnboompitten om de salade te maken.
e) Schep de saladedressing erdoor.
f) Serveer meteen!

94. Aardbeien Microgroenten Salade

INGREDIËNTEN:
- 3 kopjes biologische Microgroenten
- 1 kopje gesneden aardbei

AARDBEIENDRESSING
- 6 aardbeien
- 1 Eetlepel balsamicoazijn
- 1 theelepel rauwe honing
- 2 eetlepels olijfolie
- Snufje zout en peper
- ¼ kopje gehakte gekonfijte walnoten

INSTRUCTIES:
a) Combineer de Microgroenten, aardbeien en dressing in een grote mengkom.
b) Strooi walnoten erover.

95.Microgroene Quinoasalade

INGREDIËNTEN:
VOOR DE SALADE:
- 1 kopje gekookte quinoa
- 1 kopje erfstuktomaten gehalveerd
- 1/2 kop Kalamata-olijven ontpit
- 2 1/2 eetlepels groene ui in dunne plakjes gesneden
- 1 ons gekookte zwarte bonen
- 1/2 avocado in kleine vierkantjes gesneden
- 2 kopjes microgroenten

VOOR DE DRESSING:
- 2 teentjes grote knoflook
- 1/4 kopje rode wijnazijn
- 1/4 kopje verse basilicumblaadjes
- 1 theelepel koosjer zout
- 1 theelepel zwarte peper
- 1/2 kopje olijfolie

INSTRUCTIES:
a) Meng in een keukenmachine de rode wijnazijn, knoflook, basilicum, zout en peper.
b) Pulseer op hoge snelheid terwijl je langzaam de olie toevoegt tot het geëmulgeerd is.
c) Meng de salade-ingrediënten met twee eetlepels dressing. Voeg indien gewenst extra dressing toe.
d) Serveer onmiddellijk of bewaar in de koelkast tot gebruik.

96.Salade van regenboogbieten en pistache

INGREDIËNTEN:
- 2 kleine bosjes regenboogbieten, geschoond
- Canola-olie voor bieten

BASILICUM CITROEN OLIJFOLIE:
- 2 kopjes los verpakte basilicum
- weinig 1/4 kopje olijfolie
- 1/2 sap van citroen
- snufje koosjer zout
- 1 Eetlepels gehakte pistachenoten
- 1 kopje Micro Greens
- Citruskruidenzout – optioneel

INSTRUCTIES:

a) Meng de bieten met 1 à 2 eetlepels koolzaadolie tot ze zacht bedekt zijn.

b) Leg de bieten op een bakplaat met bakrand, dek af met folie en rooster ze 30-45 minuten op de grill, of tot ze zacht en bruin zijn.

c) Verwijder de schillen van de bieten en gooi ze weg.

d) Om de basilicum-olijfolie te maken, meng je alle ingrediënten in een blender tot een gladde massa.

e) Druppel een kleine hoeveelheid basilicumolijfolie op de bodem van twee kleine borden.

f) Strooi op elk bord een kleine hoeveelheid microgroenten, de helft van de bieten, citruskruidenzout en pistachenoten.

g) Plaats de resterende microgroenten op elk bord.

97.Groenten en Farro

INGREDIËNTEN:
- 2 wortels, geschild en in plakjes gesneden
- 2 pastinaken, geschild en in plakjes gesneden
- 8 ons spruitjes, bijgesneden
- 1/4 kop olijfolie, verdeeld
- 1/4 theelepel zout, verdeeld
- 1/4 theelepel zwarte peper, verdeeld
- 1 kopje farro, droog
- 1 eetlepel appelazijn
- 2 theelepels Dijon-mosterd
- 1/4 kop pecannoten, grof gehakt
- 1/4 kop rozijnen

INSTRUCTIES:
a) Verwarm de oven voor op 400 graden Fahrenheit.
b) Gooi wortels, pastinaak en spruitjes met 2 eetlepels olijfolie, 1/8 theelepel zout en 1/8 theelepel peper in een geoliede bakvorm.
c) Rooster gedurende 20-25 minuten, tot ze gaar zijn en knapperig aan de randen. Draai ze halverwege om.
d) Farro moet worden gekookt volgens de aanbevelingen op de verpakking.
e) Combineer de resterende 2 eetlepels olijfolie, het resterende 1/8 theelepel zout, de resterende 1/8 theelepel peper, de ciderazijn en de Dijon-mosterd in een kleine schaal.
f) Rooster de pecannoten in een droge koekenpan op middelhoog vuur tot ze aromatisch zijn, ongeveer 2-3 minuten.
g) Combineer geroosterde groenten, gekookte farro, dressing, geroosterde walnoten en rozijnen in een grote mengkom.

98.Quinoa - rucolasalade

INGREDIËNTEN:
- 1 kopje quinoa
- 3 eetlepels citroensap
- 3 eetlepels olijfolie
- 1/4 theelepel peper
- 1/8 theelepel zout
- 2 kopjes watermeloen, in kleine blokjes gesneden
- 2 kopjes babyrucola
- 1 kop kerstomaatjes, gehalveerd
- 1/4 kop verse munt, grof gehakt
- 2 eetlepels walnoten, grof gehakt

INSTRUCTIES:
a) Volg de instructies op de verpakking voor het koken van quinoa. Laat afkoelen tot kamertemperatuur voordat u het serveert.
b) Roer in een kleine schaal citroensap, olijfolie, peper en zout door elkaar en zet weg.
c) Combineer de afgekoelde quinoa, watermeloen, rucola, kerstomaatjes, munt, walnoten en dressing in een grote mengschaal.
d) Alles door elkaar gooien, serveren en genieten!

99.Gemengde groene salade met bieten

INGREDIËNTEN:
- 2 middelgrote bieten, topjes verwijderd
- 2 eetlepels met calcium verrijkte sinaasappel sap
- 1 1/2 theelepel honing
- 1/8 theelepel zout
- 1/8 theelepel zwarte peper
- 1/4 kop olijfolie
- 2 eetlepels rauwe, gepelde zonnebloempitten
- 1 sinaasappel, in partjes gesneden
- 3 kopjes verpakte gemengde saladegroenten
- 1/4 kopje fetakaas met verlaagd vetgehalte, verkruimeld

INSTRUCTIES:
a) Bedek de bieten in een middelgrote pan met water. Breng aan de kook en zet dan op een laag vuur.
b) Kook gedurende 20-30 minuten, of tot de vork gaar is, afgedekt. Bieten moeten worden uitgelekt.
c) Als de bieten voldoende zijn afgekoeld om te hanteren, schilt u ze onder stromend water en snijdt u ze in partjes.
d) Roer ondertussen het sinaasappelsap, de honing, de knoflook, het zout en de peper door elkaar in een pot.
e) Schud de olijfolie erdoor tot de dressing glad is. Verwijder uit de vergelijking.
f) Smelt de boter in een kleine koekenpan op middelhoog vuur.
g) Rooster de zonnebloempitten in een droge koekenpan gedurende 2-3 minuten, of tot ze aromatisch zijn.
h) Gooi de bieten, zonnebloempitten, sinaasappelpartjes, gemengde groenten en fetakaas in een grote serveerschaal.
i) Serveer met een scheutje dressing .

100. Spruitjessalade

INGREDIËNTEN:
- 1 kopje droge bulgur
- 8 ons spruitjes
- 1 granaatappel
- 1 peer, in blokjes gesneden
- 1/4 kopje walnoten, grof gehakt
- 1 middelgrote sjalot, fijngehakt
- 2 eetlepels olijfolie
- 2 eetlepels balsamicoazijn
- 1/8 theelepel zout
- 1/8 theelepel peper
- Rauwe Spruitjessalade

INSTRUCTIES:

a) Combineer 2 kopjes koud water en droge bulgur in een kleine sauspan. Breng aan de kook, zet het vuur laag en roer af en toe.

b) Laat 12-15 minuten sudderen, of tot bulgur zacht is. Eventuele extra vloeistof moet worden afgetapt en opzij worden gezet om af te koelen.

c) Snijd de steeltjes af en verwijder eventuele taaie of uitgedroogde bladeren van de spruitjes.

d) Snij de spruitjes van boven naar beneden doormidden en verwijder de steel. Leg de spruitjes met de snijzijde naar beneden en begin ze van boven naar beneden in dunne plakjes te snijden om ze te versnipperen.

e) Schep de spruitjes in een grote mengkom voorzichtig totdat de lagen uit elkaar vallen en zet ze vervolgens opzij.

f) Verwijder de pitjes uit de granaatappel.

g) Zodra de granaatappel is ingesneden, draait u hem om hem in tweeën te splitsen en trekt u voorzichtig de schil eraf om de pitjes te verwijderen. Houd de gesneden kant van de granaatappel boven een kom en sla met een houten lepel op de achterkant totdat alle pitjes eruit vallen.

h) Meng de spruitjes met de granaatappelpitjes, walnoten en peren. Meng de bulgur met een vork en serveer met de salade.

i) Combineer de sjalot, olie, azijn, zout en peper in een aparte kleine kom.

j) Meng de salade door de dressing. Serveer en geniet!

CONCLUSIE

Nu we onze reis door de wereld van bloem stroom salades afsluiten, hoop ik dat dit kookboek je heeft geïnspireerd om de schoonheid en smaak van eetbare bloemen in je eigen keuken te omarmen. "Van bloemblaadje tot bord: Bloem Stroom Salads" is gemaakt met een passie voor het vieren van de natuurlijke overvloed van de tuin en het benutten van de voedende kracht van verse, seizoensgebonden ingrediënten.

Bedankt dat je met mij meegaat op dit culinaire avontuur. Moge uw keuken gevuld zijn met de levendige kleuren en delicate smaken van eetbare bloemen, en moge elke hap van uw bloemstroomsalades een viering zijn van gezondheid, vitaliteit en de schoonheid van de natuur.

Tot we elkaar weer ontmoeten, veel plezier met het maken van salades en mogen uw culinaire creaties blijven uitgroeien tot heerlijke en voedzame lekkernijen!

www.ingramcontent.com/pod-product-compliance
Lightning Source LLC
Chambersburg PA
CBHW050150130526
44591CB00033B/1241